華志文化

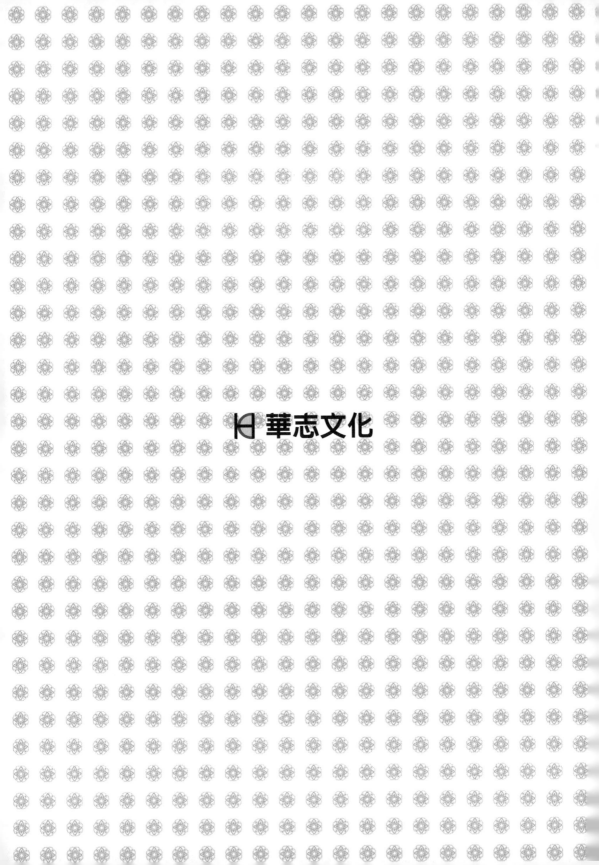

華志文化

氣場心理學

10天引爆人生命運的潛能

運隨「氣」轉，用對了就逆轉勝　頂尖人物都在用的成功密碼

李上卿 —— 著

華志文化

前言 _{PREFACE} 如何讓氣場有效地產生作用

美國著名作家弗格森說：「每個人都守著一扇只能從內開啟的改變之門，不論動之以情或曉之以理，我們都不能替別人打開這扇門。」學習就是攀登奇山險峰，跌倒了再爬上去，每得到一點進步，就有一份鼓舞，逐漸看到更為廣闊的世界，直到璀璨的雲端、藍天的深處、希望的頂峰。

人生畢竟是自己的，一個人怎樣看待、設想、規劃自己的人生，他就將會擁有一個什麼樣的人生。假如，我們每一個人都用知識點亮自己心中的燈，我相信，這個世界將是一片光明。我們的成長之門只能由自己打開，別人是無能為力的。讓我們自己打開書本，讓每一天都充實地走向人生發展的最高境界吧！

想要打造一個成功的氣場，必須經歷一個艱難困苦的過程，沒有什麼事是不勞而獲的。成功的大道上荊棘叢生，這也是好事，常人都望而卻步，只有意志堅強和腳踏實地的人例外。他們往往是最終的成功者。

　　每個成功者的氣場，都是慢慢形成的，都是一步一步累積而成的。成功不是一步登天，不是一夜致富、不是一舉成名；成功是無法一次完成的長久過程，是長途跋涉之後的彼岸，是狂風暴雨後的彩虹，是厚積而發的美麗，是默默經營好每一天。

　　每個人都有氣場，如何讓氣場有效地產生作用，為自己的成功護航？我們需要用定位來讓氣場有準確的航向，用正確的人生定位為自己的氣場把脈，從而培養出更加強勢的氣場。

　　我們要透過對自己的定位，把自己的氣場集中在特定的目標上，找出實現目標的方法，並將之付諸實際行動直到成功為止。也就是說，無論是在工作上、學習上以及個人生活上，人生幸福的意義，就是由準確定位人生開始的。擁有正確的定位，用準確的人生定位為我們的氣場把脈，照亮人生的航程。

　　提升「氣場」，改變人生，獲得成功，是我們不變的追求，但是，請記住成功永遠沒有捷徑，牽引著我們走向成功的，是人一生不息的腳步，風霜雪雨，一路頑強趕去。只有走過泥濘的道路，才能摘到芬芳艷麗的成功之花。

　　激發氣場，有一個很重要的前提，那就是你要有明確的人生目標。很多人迷迷糊糊的過日子，不知道為什麼而活，盲目的追求自己一時之間感興趣的新奇事物，到最後才發現自己一事無成！他們總是聽天由命，過一天是一天，從沒想過自己的未來會是什麼樣子，我這輩子該去做些什麼，該取得哪些成就，如何

計畫自己的人生等等……他們是一些沒有人生目標的人，渾渾噩噩，不思進取，最後也終將被生活淘汰。有遠大目標的人，生活永遠是積極的，你的目標會讓你有動力，而這個堅定的目標會激發你的氣場。

如今在這個資訊爆炸的知識經濟時代，在知識總量迅速擴張和更替週期日益縮短的當今時代，只有學習，才能始終把握氣場的脈搏，不斷加強自己的氣場，不斷提升自己。

我們不能決定生命的長度，但可以擴展它的寬度，我們不能改變世界，但是可以改變我們的命運。而這一切的動力，源於我們用不斷學習到的知識，加強我們的氣場，氣場一定可以改變我們的一生。

目錄
CONTENTS

❀第三章　性格對氣場的影響

❀第四章　心態對氣場的影響

✿ 第五章　習慣對氣場的影響

✿ 第六章　打造強大的氣場

❀ 附錄

PART1
第 一 章 　做人應有的氣場

一、誠信做人，人無信而不立

我們的心靈永遠有著一個聲音在呼喚著一個名字，這聲聲的呼喚曾是千年前的儒學大師發自肺腑的吶喊。它既簡單又複雜，簡單得不過只有兩個字，又複雜得讓有些人將它遺失得無影無蹤。那麼，心靈呼喚的到底是什麼呢？它，就是誠信。縱觀歷史，橫看世界，不講誠信的人是不能立足於社會的人，是沒有前途的人。

誠，就是要實事求是，不誇大，不縮小；信，就是要一言九鼎，說到做到，不朝秦暮楚，不朝令夕改。誠信是為人之本，是立業之基，是做人的準則。誠信同時也是讓一個人具有良好氣場的一大關鍵。為人處世，做事立業，最講一個「誠」字，最重一個「信」字。誠信是我們做人處世之根，安身立命之本，給我們生命以支持。

有人這樣總結說：「誠信是道路，隨著開拓者的腳步延伸；誠信是智慧，隨著博學者的求索累積；誠信是成功，隨著奮進者的拚搏臨近；誠信是財富的種子，只要你誠心種下，就能得到打開金庫的鑰匙。」

誠信是立業之本，做人的準則。誠信是人的一張臉，它寫著你的品德和操行，是人的第二張身分證。一個人如果謊話連篇，如果說話不算數，不守信義，誰還會相信他。那個站在山頭上大喊「狼來了」的小男孩，不就是因為一再說謊，而導致說話無人信，最後被狼吃了嗎？其實，吃他的並非是狼，嚴格地說是他那不誠信的品格。

不要覺得誠信只是空洞的理想主義者聊以自慰的口號，其實誠信並不遙遠，它就滲透在我們的日常生活中。

　　在紐約的河邊公園裡矗立著「南北戰爭陣亡戰士紀念碑」，每年都有許多遊人來到碑前祭奠亡靈。美國南北戰爭時期擔任北方軍統帥的格蘭特將軍的陵墓，座落在公園的北部。陵墓高大雄偉、莊嚴簡樸。格蘭特將軍的陵墓後面，還有一座小孩子的墓塋。那是一座極小極普通的墓塋，在任何其他地方，你都可能會忽略它的存在。它和絕大多數美國人的墓塋一樣，只有一塊小小的墓碑。在墓碑和旁邊的一塊木牌上，卻記載著一個感人至深的關於誠信的故事：

　　　　西元1797年，這片土地的小主人才五歲的時候，不慎從這裡的懸崖上墜落身亡。其父傷心欲絕，將他埋葬於此，並修建了這樣一個小小的墓塋，以作紀念。數年後，家道衰落，老主人不得不將這片土地轉讓。出於對兒子的愛心，他對今後的土地主人提出了一個奇特的要求，他要求新主人把孩子的墓塋作為土地的一部分，永遠不要毀壞它。新主人答應了，並把這個條件寫進了契約。這樣，孩子的墓塋就被保留了下來。

　　　　滄海桑田，一百年過去了。這片土地不知道輾轉賣過了多少次，孩子的名字早已被世人忘卻，但孩子的墓塋仍然還在那裡。它依據一個又一個的買賣契約，被完整無損地保存下來。到了1897年，這片風水

寶地被選中作為格蘭特將軍的陵園。政府成了這塊土地的主人。無名孩子的墓，在政府手中依然被完整地保留了下來，成了格蘭特將軍陵墓的鄰居。

又一個一百年後，到了1997年的時候，為了緬懷格蘭特將軍，當時的紐約市市長朱利安尼來到這裡。那時，剛好是格蘭特將軍陵墓建立一百週年，也是小孩去世兩百週年的時間。朱利安尼市長親自撰寫了這個動人的故事，並把它刻在木牌上，立在無名小孩墓塋的旁邊，讓這個關於誠信的故事世世代代流傳下去……

一個偉大的歷史締造者之墓，和一個無名孩童之墓毗鄰而居，這可能是世界上獨一無二的奇觀，而這一奇觀就源於各個買家做到了對原賣家的誠信。

「唯誠可以破天下之偽，唯實可以破天下之虛。」誠信為人，必能取信於人，立信於人，收穫的一定是朋友，得到的一定是坦然；誠信做事，必會韌如江流，動如海嘯，贏得的一定是信賴和尊重。

誠信是我們做人最基本的條件，「信用是現代社會一種無法或缺的個人無形資產。誠信的約束不僅來自外界，更來自我們的自律心態和自身的道德力量。」人生短暫，歲月無情，讓我們以誠信來培育生命燦爛的鮮花吧！誠信的人有良好的氣場，有廣闊美好的人生道路。

二、堅持到底才是勝利

偶然看到一塊巨大的岩石中生長著一棵小草。它真的很小，但卻讓人感受到一種無窮強大的力量。一棵如此弱小的草，竟能頑強地生活在這石縫中，這是一種怎樣的力量？是的，這就是「堅持」，是堅持著生的希望讓它活了下來。

俗語說：「功到自然成」。按理說，那些失敗者完全可以嚐到勝利的喜悅，但他們往往缺少一種勝利的必要條件，那就是堅持。這就是他們失敗的主要原因。上述俗語中所提到的「功到」，其實已經隱含了「堅持」的意思。可見，一個人要想取得學業上或事業上的成功，除了個人的努力之外，堅持也是實現這一目標的重要條件。

古往今來，許許多多的名人不都是依靠堅持而取得勝利的嗎？

英國著名作家狄更斯平時很注意觀察生活、體驗生活，不管颱風下雨，每天都堅持到街頭去觀察、諦聽，記下行人的零言碎語，累積了豐富的寫作素材。這樣，他才能在《大衛‧考伯菲爾》中寫下精彩的人物對話描寫，在《雙城記》中留下逼真的社會背景描寫，從而成為英國一代文豪，獲得了文學事業上的巨大成功。

愛迪生曾花了整整十年去研製蓄電池，其間不斷遭受失敗的他一直咬牙堅持，經過了五萬次左右的試

驗，終於獲得了成功，被人們授予「發明大王」的美稱。

狄更斯和愛迪生就是靠堅持而獲得最後的勝利的。堅持，使狄更斯為人們留下許多優秀著作，也為世界文學寶庫增添了許多精品；堅持，使愛迪生攻克了許許多多難關，為人類的進步做出了不可磨滅的貢獻。可見，堅持到底終能夠使人獲得事業和學業上的成功。

勝利貴在堅持，要取得勝利，就要堅持不懈地努力。飽嚐了許多次的失敗之後才能獲得成功，堅持到底才是勝利。

開學第一天，古希臘大哲學家蘇格拉底對學生們說：「今天我們只學一件最簡單也是最容易做的事。每個人把手臂盡量往前甩，然後再盡量往後甩。」說著，蘇格拉底示範做了一遍：「從今天開始，每天做三百下。大家能做到嗎？」

學生們都笑了。這麼簡單的事，有什麼做不到的？過了一個月，蘇格拉底問學生們：「每天甩手三百下有哪個同學堅持做到了？」有九成的同學驕傲地舉起了手。又過了一個月，蘇格拉底又問，這回，堅持下來的學生只有八成。

一年過去了，蘇格拉底再次問大家：「請告訴我，最簡單的甩手運動，還有哪幾位同學堅持做到現

在？」這時，整個教室裡，只有一個人舉起了手。這個學生就是後來成為古希臘另一個大哲學家的柏拉圖。

有人說：「世間最容易的事就是堅持，最難的事也是堅持。」說它容易，是因為只要願意做，人人都能做到；說它難，是因為真正能夠做到的，終究只是少數人。成功在於堅持，這是個並不神祕的祕訣。

有位年輕人去微軟公司應徵，而該公司並沒有刊登過招聘廣告。見總經理疑惑不解，年輕人用不太流利的英語解釋說自己是碰巧路過這裡，就貿然進來了。總經理感覺很新鮮，便破例讓他一試。面試的結果不盡人意，年輕人的表現很糟糕。他對總經理的解釋是事先沒有準備，總經理以為他只不過是找個台階下的藉口，就隨口應道：「等你準備好再來試吧！」

一週後，年輕人再次走進微軟公司的大門，這次他依然沒有成功，但比起第一次，他的表現顯然要好得多。而總經理給他的回答仍然和上次一樣，「等你準備好了再來試。」就這樣，這個青年先後五次踏進微軟公司的大門，最終被公司錄用，成為公司的重點儲備幹部。

那些失敗者往往是在最後時刻未能堅持住而放棄努力，與成

功失之交臂。「水滴石穿，繩鋸木斷」，這個道理我們每個人都懂得。然而，為什麼對石頭來說微不足道的水能把石頭滴穿？柔軟的繩子能把硬邦邦的木頭鋸斷？說穿了，這還是堅持的作用。

一滴水的力量是微不足道的，而許多滴水堅持不斷地衝擊石頭，就能形成巨大的力量，最終把石頭擊穿。同樣的道理，繩子能把木頭鋸斷。

瑞典一位化學家在海水中提取碘時，似乎發現了一種新元素，但是面對這繁瑣的提煉與實驗，他退縮了。當另一化學家用了一年時間，經過無數次實驗，終於為元素家族再添新成員「溴」而名垂千古時，那位瑞典化學家只能默默地看著對方沉浸在勝利的喜悅之中，獨自品嚐著因放棄而失敗的苦澀。

這兩位化學家，一位堅持住了，取得了勝利；另一位卻沒有堅持住，未能取得成功。

可見，堅持到底是取得勝利必須跨越的最後一道障礙。最黑暗的時刻，也就是光明就要到來的時刻。越在這樣的時刻，越需要堅持，因為唯有堅持才能獲得勝利。

小草因堅持而生存，失敗因堅持而勝利，人生因堅持而快樂……

生活中，當我們遇到挫折或感嘆命運不公時，堅持就是最明智的選擇。不管遇到什麼，一定要堅持下去，哪怕這堅持的道路漫長、崎嶇，我們也要在心中點燃一盞燈，告訴自己：不要放

棄，要堅持到底。彩虹不也要在暴風雨後才能看到嗎？我們要用堅持這種神奇的力量等待暴風雨的結束。要明白，世界上沒有不勞而獲的事情，只要你努力，堅持不懈地去做，奇蹟就會在你身上綻放光彩，勝利將會來到你的身邊，為你獻上繽紛的彩虹。

三、腳踏實地才能實現夢想

古希臘神話裡的安泰，是巨人、是英雄，是海神波塞冬和地神蓋亞的兒子。他的力量來源於大地，只要身不離地，就力量無窮，所向無敵。一旦離開大地，就失去了生存能力。後來，他被海格力斯舉在空中扼死了。這雖然是神話，卻也說明了一個道理：無論你有多麼強大，如果你不能腳踏實地，一切終將成為空中樓閣，如同過眼雲煙。

腳踏實地，能練就鳥兒堅實的翅膀。有了有力的翅膀，鳥兒才能一飛沖天。然而，能在這英雄輩出，大浪淘沙的社會中嶄露頭角並非一件輕而易舉之事。成功的人不一定都是腳踏實地的，家庭背景、機遇也許是他們閃閃發光的中堅砥柱，但只有腳踏實地的人才能真正實現夢想。某一天，他們腳踏實地的努力得到了回報，他們便能展翅高飛，一飛沖天。

其實，縱觀世界，無論何人，無論何事，不腳踏實地，終究難以達成夢想。

一般來說，患有癲癇疾病的人是不適合做體育運

動的，但是派蒂‧威爾森的父親不這樣認為。

當派蒂問她父親「我能不能像你一樣每天清晨進行長距離晨跑」時，父親在經過短暫猶豫後對派蒂說：「可以啊，歡迎你陪著爸爸一起跑。」

派蒂說：「可是我有癲癇，要是中途發作怎麼辦？」

派蒂的父親說：「不要怕，我知道如何處理，況且它並不會發生。」

於是，派蒂第二天就開始和父親一起晨跑。幸運的是，癲癇真的沒有在派蒂運動的過程中發作過。

派蒂很快樂。在此之前，醫生曾告訴她不能下水，不能打球，不能參加任何具有攻擊性和體力消耗大的活動。現在看來，醫生的話並不是十分正確。

幾個星期後，派蒂突然對父親說：「我想打破女子長跑的世界紀錄。」

父親聽了，大吃一驚。對於一個沒有經過專業訓練，又患有癲癇的女孩來說，這無異於癡人說夢。

派蒂看出了父親的疑慮，她說不是現在，而是等三年後或者更長的時間。

這三年裡，她堅持不懈地鍛鍊，越跑成績越好。

三年後，派蒂認為她可以挑戰世界紀錄了。於是，她為自己訂了一個計畫，先從自己所居住的橘縣跑到三藩市，然後到達俄勒岡州的波特蘭，最後向白宮進發，距離約三千公里。

她從自己的家出發，經過整整四個月，從西岸到達東岸，最後到了華盛頓，並接受了總統的召見。她對總統說的第一句話是：「我想讓其他人知道，癲癇患者與一般人無異，也能過正常的生活。」

名人們的人生讓我們心動不已。但是別忘了，他們的成功都是因為他們擁有腳踏實地的共性。他們人生的每一頁都在告訴我們，只有腳踏實地，才能實現夢想。

玫琳凱擁有一家超過一百七十萬名美容顧問的化妝品公司，她非常勤奮，經常要走好遠的路去做預約、上美容課和售後服務。為了幫助更多女性成功、美麗，她即使再辛苦，卻也樂此不疲。

每次工作結束後，她還要到工作室和大家分享心得和體會，在每次的分享會上，她經常會說的幾個字就是腳踏實地。大家聽了並不以為然，雖然都認真地聽著，但感悟其實不是很深刻，因為很多人跟玫琳凱一樣，都在腳踏實地地做著自己的事業。

但有一天，當她再和大家分享辛勞和快樂的時候，她不由自主地把自己的腳抬了起來，大家看了，不禁激動得又哭又笑。

因為大家看到：她的鞋面和鞋底完全分開，而玫琳凱她卻總是在走路時，因為感覺腳底有一股涼意，才會發現鞋底不見了。

她和大家說：「我今天總算真正知道什麼才是真正的腳踏實地。」

　　任何事情「欲速則不達」，「萬丈高樓平地起」，我們要腳踏實地地提升自己，進行量的累積，等待質變的那一天。

　　在現代社會，如果沒有科學家們精益求精地計算、研究、探索，太空船不會上天，火箭不會升空，農作不會大量生產，精密而又便捷的電腦、手機也不會如此司空見慣。雖然說偉大的創造總是源於夢想，但每個夢想的實現卻都離不開腳踏實地去做。

　　俗話說，櫻桃好吃樹難栽。沒有辛勤的耕耘，難見可觀的收穫。我們相信千里之行，始於足下，當我們一步步走出來時，我們必然會練就一雙鐵腳板，練就一雙可以跋山涉水的強有力的腿，實現我們的夢想。

四、簡單做人是一種智慧

　　在日常生活中，我們經常聽到「做人難」、「難做人」的感慨，也經常聽到「做人要厚道」、「做人要低調」等教誨。可見，「做人」與我們每個人都息息相關。

　　如何做人，做一個什麼樣的人，這是一門學問，也是一門藝術。

　　返璞歸真，讓心靈變得簡單，才是做人的本真。用一個簡單的微笑，一朵傳情的玫瑰，一聲暖人的問候，一次默契的配合，

一次深情的擁抱來表達情懷，溝通心靈，訴說相知，表述衷腸，才是人生的自然。

簡單做人，其實是一件很開心、很自然的事情。於生活，於人生，都會少去種種的紛擾和糾纏，隨之得到的就是種種的輕鬆和愉快。

簡單做人是一種寧靜，一個微笑，一份淡然，一份知足，一份從容……簡單並不是簡陋，更不是華麗，只是以自己喜歡的方式去生活。如同一個孩子，面對一次讚揚，一個玩具，一次遊戲，一塊石子，一隻螞蟻……就會讓他開心一天一月甚至一年。

簡單做人其實很容易，正如微笑如花開放。

有一則流傳很廣的故事：

在美國西南航空公司飛往加州的一架航班上，一位乘客要求空姐倒一杯水給他吃藥。空姐很有禮貌地對他說：「先生，飛機馬上就要起飛了。為了您的安全，請您等一刻鐘。等飛機進入平穩狀態後，我會立刻把水給您送過來。」然而，15分鐘過去了，飛機早已進入了平穩飛行的狀態，這位空姐卻由於忙碌忘記了應該馬上送水。直到乘客服務鈴響了之後，她才想起來對乘客的承諾。

她小心翼翼地把水送到那位乘客的面前，面帶微笑地說：「先生，實在對不起，由於我的疏忽，延誤了您的吃藥時間，我感到非常抱歉。」

這位乘客聽後，並不肯原諒她，他指著手錶說：

「有你這樣服務的嗎？你看看，讓我等了多久了？」
因為太忙，空姐心裡也感到委屈，但是無論她怎樣解
釋，這位挑剔的乘客就是不肯原諒她無意的疏忽。

飛機在蔚藍的天空中穿行。空姐為了彌補自己的
過失，每次去客艙給乘客服務時，都會特意走到那位
乘客的面前，面帶微笑地詢問他是否需要服務。但
是，那位乘客餘怒未消，一臉的不高興，並不搭理空
姐。

馬上就要到達目的地了，那位乘客要求空姐把留
言本給他。空姐想著他可能要投訴，卻仍然面帶微笑
地說：「先生，請允許我再次向您表示真誠的歉
意。」最後，乘客為空姐真誠的微笑所折服，在他下
飛機後，特意寫了一封給這位空姐的讚揚信。

一個簡單的微笑化解了這場風波，這便是簡單的智慧。這一
切就緣於做人的簡單。相對而言，如果人將自己變得複雜了，其
他的一切也就變得複雜。複雜的人，凡事總會去求個結果，求個
利益，總要去殫精竭慮地思前想後，衡量得失。這樣一來，精神
沒有一刻放鬆，思想難得一時清淨。長此以往，就會陷入沉重，
陷入無助，陷入痛苦，以至於不能自拔。快樂，也就成為天方夜
譚。

事實上，人做得簡單，事情也就不再複雜。少了雜念和私
欲，也就沒有了樁樁顧慮和種種考慮，沒有了爾虞我詐和鉤心鬥
角。卸載掉思想的負擔，人就會如釋重負，心靈便會長出翅膀，

飛翔得自由自在和無牽無掛。

簡單做人，才能用心做事。簡單是一種美，一種境界。置身其中，便會忘卻工作的疲憊，生活的煩惱，人生的憂愁。做人，只要植根於簡單這塊土壤，綻放出的人生之花，必定是芬芳而持久。

　　一位記者採訪時問一位著名企業家：「您認為企業當中最優秀的人才、最頂尖的人才應該具備什麼樣的素質？」一般來講，企業對選拔這類人才都會講出不下十條標準，而該企業家只用一個詞回答了他，那就是「簡單」。

當然，這裡所說的簡單不是指頭腦簡單，而是思想簡單，心無雜念，唯有目標和效果。思想簡單，才不會被人際關係所困囿；思想簡單，才不會瞻前顧後，畏首畏尾，怕別人對自己的行為評頭論足，說三道四；思想簡單，才會在錯誤面前有勇氣站出來承擔責任。

當人經歷了很多，痛過，恨過，愛過，也傷過，反思過，思想達到一定的深度，心靈經過了一次又一次的洗禮之後，我們便越是明白，活得簡單，是一種快樂，也是一種幸福。當你摒棄所有的私心與雜念，脫去所有的偽裝和面具，用簡單待人待事，你會發現你的感覺是那麼輕鬆那麼自在，你的腳步也是那麼輕快，心也因為輕鬆跳得是那麼歡快有力。

冷靜地處世，淡泊於功利，於我們平常人來說也許很難，不

是為了什麼，只是因為這個世界的發展，社會的需求。很多時候，原本善良單純的心思漸漸變得複雜了、曖昧了、虛偽了、冷漠了、太過牽強了，於是，一切都變樣了，心與心不再有坦誠，人與人難得融洽，不是不願意，只是「江湖險惡、人心叵測」。

所以，儘管人不能做到盡善盡美，但我們完全可以輕易地做到無愧於心。當突然有一天我們回顧過去時，能夠滿意於自己的一個眼神、一個微笑，甚至一次鼓足勇氣的攙扶，我們便會感受到簡單的快樂。

簡單地生活，簡單地思考，簡單地做人，一切，就是這麼簡單。

五、做堅強的人，陽光總在風雨後

在生活中，我們看到青草雖鋪滿大地，卻矮小不已，任人踩踏；看到花兒絢爛而又美麗，卻嬌弱無比，任人採摘，而只有樹木才能昂首挺立在天地之間，自強自立，讓人油然而生敬佩。有些樹在風吹日曬中，不能掌控雨水的降臨，因此枯竭而死。而另一些樹卻能繁茂地生長著，不怕風吹雨打。這些樹練就了堅強的意志，它們才是百年之材。

我們做人也要像樹那樣堅強。因為，要立足於社會，就要有扎實的本領、堅強的意志，不怕挫折。

堅強的意思，已經被完整地詮釋在字面上了。堅固，強壯，不可動搖。那麼，堅強的含義呢？司科特‧菲茨傑拉德說過：

「如果你足夠堅強，你就是史無前例的。」有許許多多的人都說過自己對這個簡單的辭彙的認知，但是，司科特的話或許可以帶給我們對堅強更深一層的理解。

居里夫人曾經說過：「一個人沒有毅力，將一事無成。」堅強是成功的基石。頑強的毅力無往而不勝，任何一個有著堅強毅力的人，都不會光想而不做，更不會被困難和挫折嚇倒。

百年環法自行車賽中，每一位車手不管名次先後，都騎行了三千多公里。每一個賽段都有相當一段路程，最長的有二百六十公里，而在比賽中，總有些運動員從自行車上摔下來，然後又重新投入到比賽中去。

這些都是我們常人無法忍受的，那麼，又是什麼精神支撐著他們騎完全程呢？當然是靠每一個人堅定不移的信念和毅力。自行車手們就是憑著頑強的毅力，縱使跌倒，也不輕言放棄，在逆境下前進，展現勝者之能。

人生需要堅強，因為堅強是精神的支柱，是跨越坎坷的信念，是勝利的根本。一個人如果不堅強，那他的心靈就永遠是一片黑暗沉寂的世界。每個人都要學會堅強，不要哭泣，不要傷心，因為傷心和哭泣不是解決問題的關鍵，關鍵是找到好的方法。在困難面前，我們要勇敢地面對，要學會不拋棄，不放棄。

有人說，牢獄生活能喚起真正的勇士心中那沉睡的火焰。在馬德里的監獄裡，塞萬提斯寫出了著名的《唐吉訶德》；《魯濱遜漂流記》一書也誕生在牢獄中；一部《世界歷史》也是在作者被困監獄的十三年當中寫成的。馬丁‧路德被監禁的時候，把《聖經》譯成德文；但丁在他被放逐的二十年中，仍然孜孜不倦

地創作；約瑟嚐盡了地坑和暗牢的痛苦，終於做到了埃及的宰相；席勒病魔纏身十五年，卻在這一時期寫成了最輝煌的著作。

對每個人來說，縱使眼前一片渺茫，也不要放棄希望。在孤立無援時，要靠著信念來支撐……不是所有的泉水，都清澈甘甜。不是所有的花，都清香芬芳。生活中總有許多不幸，我們必須去面對。把苦難變成磨練，只要我們堅強一點，生命之花就能穿越寒流，開得無比絢爛。

如果一個人可以這樣想：我不願做天上飄浮不定的雲，只願做水中逆流而上的魚；我相信鯉魚躍龍門的故事，而那時的我就不會再只是一條魚，而是人中龍鳳。

著名學者郭沫若曾說過：「艱難的環境一般是會使人沉沒下去的，但是，對於那些具有堅強的意志和積極進取精神的人，卻可以發揮相反的作用。環境越是困難，精神越能發奮努力。困難被克服了，就會有出色的成就。」

李‧艾科卡的一生充滿著挫折與坎坷。工作一段時間後，他選擇了做推銷員，開始了他一生艱辛的經營生涯。

艾科卡努力地工作著，終於在福特公司獲得了晉升的機會。可是，好日子沒過多久，二十世紀五〇年代初期美國經濟的不景氣便影響到了福特公司。公司大批裁員，艾科卡又重新做起推銷員的工作。

後來，艾科卡憑著自己的努力，當上了費城地區的助理銷售經理。與公司共患難度過了幾年後，福特

公司決定把主要精力放在汽車的安全設備上，艾科卡是這次改革的主要發起者。但是，這次艾科卡失敗了，他遭受了沉重的打擊。

但是，失敗並沒有影響到艾科卡積極創新的精神，他越挫越勇，又組織開發「野馬」車，創造了汽車銷售史上的奇蹟，艾科卡也因此被稱為「野馬」之父。

正當艾科卡在福特的業績越來越輝煌時，他受到了亨利・福特二世的排擠，被解雇了。不僅如此，由於受亨利的威脅，朋友們也不敢和他來往，這位汽車奇才和他的全家陷入了極大的痛苦之中。

但艾科卡並沒有向命運屈服，他決心再次尋找施展才華的機會，接受了瀕臨破產的克萊斯勒公司的聘請，擔任總裁。經過幾年的拚搏，克萊斯勒公司走出了困境，一年便盈利幾十億美元。

艾科卡在面對各種挫折時，總能勇敢面對，想辦法克服。就在一次次克服困難、一次次起死回生之後，他創造出了一個個「神話」，從而走上了人生的輝煌巔峰。

不論經歷了多少風雨，多少坎坷，我們都應該保持這樣一個信念：不經歷風雨的洗禮，怎能見到絢麗的彩虹？陽光總在風雨後，人生一路，不可能會有人一直打不倒，卻可以有人一直不怕被打倒。而堅強的含義，恰恰就是看誰能望見重重烏雲後那最美

麗的彩虹。

六、低調的人離成功最近

　　在這樣一個張揚個性的年代，各種形式的東西都以各自的形象出現在世界上。然而，這並不意味著我們做事可以大肆張揚，而是要學會低調做人。事實上，一個真正懂得積蓄力量的人，會讓自己以低調的姿態面對大家。這種低調，是一種修養，一種品格。這種低調，才是成大事的基礎。

　　有一位年逾七旬的低調「窮人」。他自己開車，衣服總是穿到破為止；最喜歡的運動不是高爾夫，而是橋牌；最喜歡吃的不是魚子醬，而是爆米花。香港人常愛談論豪宅，他住的卻是在1957年用約三萬美元買下的普通住宅。

　　在大多數時間裡，他深居簡出，躲在奧馬哈的家中，除了家人，連個助手都沒有。他的傭人兩週才來一次。他創辦的伯克希爾公司，儘管日入斗金，但正式員工總共只有十一人，沒有諸如門衛、司機、顧問、律師之類的職位。他不愛拋頭露面，不喜歡張揚，生活方式保持低調。他把自己的生活準則描述為：「簡單、傳統和節儉。」而這六個字正恰如其分地反映了他低調做人的思維。

就是這樣一個人，由於自己的低調和慷慨，深受全世界人民的推崇和喜愛。他的朋友包括美國前總統布希、前 GE 公司 CEO 傑克·韋爾奇、眾多商界菁英和影視明星等等。在投資決策方面，這些好友不斷提供有用的資訊給他，他的公司是美國最賺錢的公司之一。他就是華倫·巴菲特。

選擇低調生活的人們就是如此，他們都是在外在需求滿足後，最終回歸內心，最後他們選擇了低調。低調人的生活形態在外人看來是十分普通、平常的，正是因為普通和平常，所以在本質的意義上，更加純粹，更加符合真實的自我。而高調，是一種表演，是一種作秀，如果沒有觀眾，所有的行為就沒有意義了。在私人生活空間裡，只有低調的態度，才可能得到真實的自己。換句話說，低調的人完成的其實是人生的最高境界，他們在某種程度上，是在實現人的本質——自我的真實。

《史記·管晏列傳》裡有一篇晏子的傳記。晏子是齊國名相，「晏子使楚」的故事廣為傳誦，眾所周知。從外表看，晏子是一位五短身材，相貌平平的人，甚至乍看之下還有一點猥瑣。相比之下，他的車夫卻是身材高大，相貌堂堂，十分威武。這個車夫覺得自己坐在車前面，威風凜凜，風光無限。

有一天，車夫回到家，其妻哭鬧著收拾東西要回娘家，車夫不解。其妻說：「晏子身負治世之才卻如

此謙卑，一點也不張揚。你一個趕車的卻覺得自己了不起，得意全寫在臉上，整天與這麼高尚的人在一起，卻什麼也沒學到，讓我覺得很羞愧，也讓我感到很絕望。」

讀完故事，掩卷沉思，的確能給人啟迪，發人深省。人確實是應該自信的，但自信是建立在一定的能力基礎之上的，倘若沒了這個基礎，那就變成自負了。自負就是自以為是，就會導致目空一切，剛愎自用，就會讓人失去躬身實踐的良好心態，從而讓理想和一腔熱血在虛度中淪落。

現代人有一個共同的心理特點，他們強調競爭，注重個人發展，但也有一個比較明顯的弱點，那就是不能正確處理個人與集體、社會的關係。由於他們處在一個注重個性、張揚個性的時代，加上就業壓力大、競爭激烈，導致集體觀念淡化，人和人之間關係淡漠。個人意識太強，就不願聽取不同意見，不願意吃虧，過分注重自己的利益，一旦跟他們發生摩擦，就容易把事情鬧大。

有家大型企業招聘兩名工程師。有位年輕人經過層層的篩選，終於和另一位年輕人A一起留了下來，試用期為半年。

A很優秀，無論是業務水準還是社會經驗，他都明顯強過年輕人。薪資待遇是部門經理同時跟他倆面談的，最終談定試用期月薪為六千元。部門經理要走

時，年輕人說：「經理，請把我的薪資降到四千元吧！我覺得，我的待遇需要以我今後的工作為標準。」聽年輕人說完，經理驚訝地看了年輕人一眼，默默地點了點頭。

出門時，年輕人看到Ａ的臉上有一絲不易被人察覺的笑容，也許是他對年輕人的舉動十分不理解。

年輕人和Ａ成了同事，在工作上，年輕人表現得很謙虛。在部門經理安排以Ａ為主的場合，年輕人都積極配合工作。在上司和同事們眼裡，他們兩人都是最佳搭檔。

由於在待遇上和工作上，Ａ都佔有明顯的優勢，所以他越來越傲氣。在大家的眼裡，年輕人屬於小心謹慎、沉穩自信的人，而Ａ屬於外向大膽、敢作敢為的人，他成了公司裡的風雲人物。

而一個處在風頭浪尖上，不懂得低調的人，做起工作來也許就會讓人不太滿意。

有一次，公司要出口一批產品，當時Ａ正處於情緒的低潮，為了能使產品不出任何問題，上司讓Ａ配合年輕人工作。這次，Ａ就不那麼配合了，處處在暗地使小動作，到了關鍵時刻，Ａ還突然請了「病假」。但是年輕人依舊沒日沒夜地工作，上司還另派了人員給予援助。經過一個多月的努力，產品終於按時製造出來並按時出口。

轉眼，六個月的試用期到了，讓人意外的是，Ａ

竟然沒有留下。過了幾天，經理交給年輕人一份新合約，上面的薪資已經不是四千元了。

A雖然在各方面都是優秀的，但由於他的個性太過張揚，不懂得低調為人，最終在與那位年輕人的競爭中敗下陣來。

可以說，在這個越來越開放的社會，完全擁有一個獨立的世界並不現實，更何況一個人要在社會中創造財富，必須和各個方面的人打交道。這似乎成為許多高調者的理由。實際上，低調的人們並不是與世隔絕，而是在交流中不再惺惺作態。他們不矯飾自己，他們用低調盡量保留一個真正的自己，使他們不在充滿誘惑的社會中迷失自己。

低調的人是從來不會說自己低調的，但是，低調背後所代表的生活格調的方向，卻應該為正在發展中的社會所看到、所學習。正是由於低調，他們的投入產出比率遠遠高出常人，從而成為真正的成功者。

七、業精於勤，荒於嬉

人人心中都有一個美好的理想，不知你是否知道，通往理想境界的橋樑是什麼？答案是勤奮！古今中外，每一個成功者手中的鮮花，都是他們用汗水和心血澆灌出來的。對於想獲取成功的人來說，除了良好的心理素質，還有一個必不可少，那就是勤奮。

文學家說勤奮是打開文學殿堂之門的一把鑰匙；科學家說勤奮能使人聰明；而政治家說勤奮是實現理想的基石。

　　愛因斯坦曾說：「在天才和勤奮兩者之間，我毫不遲疑地選擇勤奮，它幾乎是世界上一切成就的助產士。」勤，就是要珍惜時間，勤學習，勤思考，勤探究，勤實踐。就是要認認真真，努力做好每一件事情，不怕吃苦，踏實工作。它是成功的基礎，是傳統的美德。

　　　聞一多讀書成癮，一看就「醉」。就在他結婚的那天，洞房裡張燈結綵，熱鬧非凡。一大清早，親朋好友都來登門賀喜，直到迎親的花轎快到家時，人們卻到處找不到新郎。急得大家東尋西找，結果在書房裡找到了他。他仍穿著舊袍，手裡捧著一本書讀得入了迷。

　　　相聲大師侯寶林只上過三年小學，由於勤奮好學，他的藝術水準達到了爐火純青的程度，成為有名的語言專家。有一次，他為了買到自己想買的一部明代笑話書，跑遍了北京城所有的舊書攤也未能如願。後來，他得知北京圖書館有這部書，就決定把書抄回來。時值冬日，他頂著狂風，冒著大雪，一連十幾天跑到圖書館裡去抄書。一部十多萬字的書。終於被他抄錄到手。

　　如果沒有聞一多醉書、侯寶林抄書等的勤奮，我國燦爛的文

化中便會少了這些光輝。天才就是勤奮，人的天賦就像火花，它既可以熄滅，也可以燃燒。這些名人事蹟告訴我們一個顛撲不破的真理，學業的精深造詣來源於勤奮。一個人能否成功，不是看他有多高的天賦，而關鍵在於它是否勤奮。

　　有一次，一家中國報社的記者採訪諾貝爾獎得主丁肇中教授。

　　記者問：「美國大學要讀四年，研究生要讀五至六年，才能取得博士學位。據說您總共只用了五年左右的時間，是嗎？」

　　丁肇中回答：「確實是這樣。在那樣困難的逆境中讀書，就得用功。」

　　記者又問：「您取得成功的祕訣是什麼？」

　　丁肇中說：「只有三個字：勤、智、趣。」

　　這裡的「勤」指的就是勤奮。丁肇中認為，獲得成功的第一個祕訣就是勤奮。中學時代的丁肇中就是一個以勤奮學習而出名的學生。讀大學後，無論是在哪裡，他都是以勤奮而聞名。

　　從丁肇中先生的例子中我們可以發現，勤奮意味著努力行動，意味著事業成功。即使結不出成功的果實，這勤奮的過程，也具有特殊的積累的意義。

　　可以說，世界上任何一個成功的人，都是因為他們付出了與成功相對應的代價。而有些人沒有成功，很大的原因就在於他們

不願付出。他們希望到達輝煌的巔峰，但不希望越過艱難的崎嶇的山路階梯；他們渴望贏得勝利，但不希望參加戰鬥；他們希望一切都一帆風順，而不願意遭遇任何阻力。

然而，世界上任何事情都要先付出才能有回報，所以，人一定要勤奮。那麼，怎樣做才算是勤奮呢？一個人的時間有限，精力有限，腦力也有限。上天是公平的，給每個人的時間也是一樣的，你用在什麼地方，或一段時間內在什麼地方付出，回報就會出現在什麼地方。最寶貴的勤奮，不光是身體上的勤奮，更是精神上的勤奮。勤奮靠的是毅力，是堅持。

作為一個平凡的人，我們有必要勤奮刻苦，它是我們學習中最鋒利的武器，是我們做人最重要的目標。我們只有在自己的職位上有所突破，才不會虛度年華。

八、認真做事，不把人生當兒戲

莎士比亞曾說，善於領悟人生的人，懂得如何思考和行動，就能夠從瑣屑的事物中發現閃光的契機。在紛繁人世中有多少沉浮，多少喜樂，多少糾結，都是人生不可避免的主題。將對瑣事的埋怨轉變成感恩，讓心靈放鬆，認真地生活，去體會人生中的小小知足，這就是閃光的契機。

認真的人們是真實的，他們把工作視為值得用生命去做的事情。他們以認真為信仰，認真做事，認真做人，他們也因此而得到充實的人生。認真的人不會把眼光侷限在自己得到了什麼上

面，而是看到工作本身的價值。雖然每天重複地做著一些事情，但他們並不感覺單調、乏味，所以，他們是不把人生當作兒戲的人，也是最容易有所成就的人。

懷著對人生和夢想的渴求，有個26歲的年輕人離鄉背井來到香港，但是，由於人地生疏，加之他英文有限，廣東話聽不懂，又沒有任何背景，接連碰壁後，他才在一家公司找到一份清潔工的工作。

那是一份薪水極低的工作，而每天所要做的只是周而復始地掃地、清洗廁所等等。這對於帶著轉變人生夢想來到香港的他來說是一個沉重的打擊，但他沒有別的選擇，因為此時的他已經身無分文，如果連這份工作也不做的話，他只有餓肚子。

公司每星期正常的工作日只有五天，星期六和星期天一到，其他清潔工就都迫不及待地跑出去逛街、遊玩、放鬆。他也異常渴望欣賞一下當地的風貌，但考慮到公司週六、週日時常會有人加班，而沒有人做清潔的話將會一團糟，所以，他便在其他清潔工出去的時候獨自留下來打掃衛生。雖然這只是一份「額外」的工作，但他依然一絲不苟。半年後的一個星期天，公司老闆發現了他這個勤勞的清潔工，十分驚訝。在了解了他每個週末都如此之後，第二天，老闆找他談話，將他提升為辦公室的一名員工。此後，他不斷被晉升。幾年後，他向老闆提出要自己做生意，

老闆也欣然同意，並參股他的公司，由此他開始了對夢想更快的追逐。

他就是2003年啟動了「彭年光明行動」的香港億萬富翁余彭年，該行動計畫用三至五年的時間，捐贈五億元人民幣，為貧困地區的白內障患者免費實施白內障復明手術。

沒有人生來就財富加身，責任心卻可以從小培養。每個人都渴求轉變命運的機遇，其實，有時機遇很簡單，只需要對自己的工作每一天都一絲不苟，而不只是完成所謂的規定。

生活本身既豐富多彩又紛繁複雜，處理生活中的每件事，都應該有這種認真的作風，一絲不苟反覆推敲，這樣成功率就會高一些，生活中的成就也會多一點。反之，因粗心疏忽鑄成的大錯實在是太多了。

巴西海順遠洋運輸公司「環大西洋」號海輪是條性能先進的船，但在一次海難中沉沒了，二十一名船員全部遇難。當救援船到達出事地點時，望著平靜的大海，救援人員誰也想不明白，在這個海況極好的地方到底發生了什麼。這時有人發現救生台下面綁著一個密封的瓶子，裡面有一張紙條，上面用二十一種筆跡記載著從水手、大副、二副、管輪、電工、廚師、醫生、船長的留言：有的是私自買了一個台燈用來照明，有的是因發現消防探頭誤報警而將其拆掉卻沒有

及時更換，有的是發現救生筏施放器有問題，把救生筏綁了起來，有的是例行檢查不徹底，有的是值班時跑進了餐廳……

最後是船長麥凱姆寫的話：「發現火災時，一切都糟糕透了。我們沒有辦法控制火勢，而且火越來越大，直到整條船上都是火。我們每個人都犯了一點點錯誤，最終釀成了船毀人亡的大錯。」

1967年4月24日，蘇聯「聯盟一號」太空船返航時由於無法排除故障，不能減速，在著陸基地墜毀，太空人科馬婁夫遇難。「聯盟一號」當時發生的一切，就是因為在進行地面檢查時，忽略了一個小數點——一個小數點釀成了一場大悲劇，可見保持認真的態度是多麼重要。

擁有認真的態度就是把眼前的小事認真地做好，認真地檢查，仔細體會認真做後的結果，從別人滿意的回饋中不斷提醒自己擁有認真的態度，這樣就能逐步看到自己的成長。

1984年，某地一家柴油機廠聘請德國退休企業家格里希任廠長。

格里希上任後開的第一個會議，當地有關部門的主管也列席參加了。沒有任何虛偽的客套，格里希便單刀直入，直奔主題：「如果說品質是產品的生命，那麼，清潔度就是氣缸的品質及壽命的關鍵。」說著，他當著有關主管的面，從擺放在會議桌上的氣缸

裡抓出一大把鐵砂，臉色鐵青地說：「這個氣缸是我在開會前到生產工廠隨機抽檢的樣品。請大家看看，我都從它裡面抓出來了些什麼？在我們德國，氣缸雜質不能高於五十毫克，而我所了解到的資料是，貴廠生產的氣缸的平均雜質竟然在五千毫克左右。試想，能夠隨手抓得出一把鐵砂的氣缸，怎麼可能雜質不超標？我認為這絕不是製作技術方面的問題，而是生產者和管理者的責任心問題，是工作極不認真的結果。」這一番話，把坐在會議室裡的有關管理人員說得坐立不安，尷尬至極。

如果我們每個人都能在人生的旅途中，做到認真地走好每一步，過好每一天，做好每一件事情，美好的生活自然就在眼前。但是在現實生活中，很多人缺少這種認真的態度，雖然擁有遠大的理想，卻馬馬虎虎地在做眼前的事情和眼前的工作，導致工作效率低下，工作能力提升很慢，工作結果自然也不理想。再去看自己的遠大理想和現實的差距，自然會覺得心灰意冷，把成敗歸結於是否走運。

用心做事，認真做事，你才能真正有所收穫，才能不斷進步，收穫人生理想的果實。

九、吃苦中苦，做人上人

　　人生是一次旅行，在這趟旅程中，我們可以得到各種各樣五彩繽紛的經驗。每個人都可能會遭遇荊棘，在旅途中，涉水跋山、走狹路、過斷橋也並非沒有可能的事情。然而，吃苦是我們所不能不花的旅費。作為一個真正意義上的旅行者，只有在付出了「吃苦」的代價後，才可以領略到一般人所領略不到的「化險為夷」，「夜盡天明」，「臘盡春回」等等樂趣。

　　吃苦是對一個人意志力和身心的磨練，在有節制的前提下，在法律和道德的規範下，嚴格要求自己，凡事在一定標準下力求做到完美。要想做得比別人好，就應要求自己對這件事付出的精力比別人多。原因很簡單，每個人的智商都是等同的，那些在外人看來取得一些成就的人，都是汗水和淚水比別人流得多的人，也就是俗話所說的能吃苦的人。

　　台灣「三勝製帽」的董事長戴勝通就是這樣一個人。

　　在談到自己的事業時，他說道：「賣帽子是我們的家傳事業。1971年，一頂帽子約二十元新台幣，我賣一頂大概可以賺二元。我每天的工作就是騎著一輛破舊的摩托車，清早出門到清水、大甲等地，和編製帽子的大嬸們打交道，收購她們手編的帽子，累積到一定數量後，再整批載到各地，批給各帽商行。春天的時候，我載著整批簇新的帽子，從屏東出發到鳳

山、高雄、台南。一路到基隆，一家家地拜訪商店，請求代售我的帽子。這是一段辛苦卻充滿希望的旅程，我常會一路盤算三個月後可能的收益，並計畫有一定的收入後，要為自己或家人買什麼禮物。」

「然而，我的夢想常在七、八月收帳時破碎。七、八月份是帽子市場的旺季，我會騎上摩托車從家鄉清水出發，先到屏東，沿著春天時發放帽子的路線一路北上收錢。有一回，我到一家店收錢，在那裡待了二個小時，老闆故意忙裡忙外，正眼都不瞧我一下，後來他三歲的孩子要上廁所，弄得很髒，我就幫那孩子收拾。老闆或許被感動了，很不情願地把錢給我，我把錢揣在口袋裡，騎上摩托車，淚在眼中打轉，心比摩托車後座被退貨的帽子還陳舊、紛亂……那時，一個工人二天可以編一頂帽子，每月我可以收購、轉賣大約三千頂，全數內銷。現在我的工廠每個月生產二百萬頂，賣到世界各地。想當年，我能為老婆做的比較奢侈的事，也只是半夜從台北談完生意回到清水時，順便在麵攤給她帶一隻鴨腿當夜宵。我清楚地記得老婆撐著睡眼惺忪吃鴨腿時的滿足神情……」

我們每個人都有受到環境壓力的時候，但每當此時，與其悲傷流淚，還不如用吃苦的精神澆灌自己既有的條件，慢慢耕耘，等一旦機會來臨，自己也有了足夠的條件去應付了，境遇就好轉

了。

俗話說：「吃得苦中苦，方為人上人。」如果我們從小就安安穩穩，無風無浪，像花朵一樣生活在暖房裡，我們所見的天日就只有一點點，所能適應的溫度也就只有那一點點，那還有什麼意思呢？

「苦」，不同的人有著不同的理解。

2008年，北京殘奧會開幕式上擔任中國大陸代表團旗手的王曉福，是一名游泳運動員。

1988年出生於雲南省一個貧困家庭中的他，六歲時意外遭到高壓電擊，導致右上肢被燒傷，右大腿肌肉被電流從上到下撕裂燒傷，腿骨外露，身體其他部位多處嚴重燒傷。為了搶救他的生命，父母東挪西湊，欠下了十多萬元的債務。父母僅靠收穫季節賣點穀子一點一點還債。王曉福懂事後，媽媽常掛在嘴邊的話就是「要有志氣，要爭氣，要讓那些瞧不起我們的人看到一隻手的人並不比兩隻手的人差」。貧困的家境，不幸的命運鑄就了王曉福堅強能吃苦的性格。

2001年4月，省殘聯派人來到他的家鄉選拔殘疾人運動員，發現了這個大手大腳大個子的孩子，5月他便被抽到昆明參加游泳集訓。王曉福牢牢記著媽媽的話，非常珍惜這個難得的機會，刻苦訓練，立志成才。

在集訓期間，游泳池水溫偏低，有一段時間他又

患感冒，每天下水後身子冷得不由自主地發抖。他給媽媽打電話時禁不住掉淚，但放下電話便又跳進水中，一聲不響地完成教練安排的課程。在訓練中，他從不偷懶，每天要在水中泡了七個多小時，游一萬多公尺，訓練後累得飯都不想吃，倒頭便能睡著。但他告誡自己，只要在訓練，就要做好每一個動作。後來他成為教練們公認的游泳動作最標準的運動員。

由於刻苦訓練，在一年零一個月的時間裡，王曉福的成績迅速進步，其運動成績已經相當於經過四年系統訓練的健全游泳運動員的水準。

生長在大山裡，從小沒見過游泳池的孩子靠自己的頑強毅力，在雅典殘奧會上奪得三枚金牌、一枚銀牌、一枚銅牌，並同時刷新三項世界紀錄，跨入了世界冠軍的行列。

付出的比別人多，吃的苦比別人多，流的汗比別人多，流的淚比別人多的人，無論身心都是辛苦的，得到的自然也比別人多，這在王曉福的身上得到了最深刻的展現。

如同河水，有筆直的河道嗎？如同高山，有一直平坦的山道嗎？如同苦瓜，苦中的澀味讓人難忘。如同青竹，有「竹高千尺，一生虛心」的心態。吃苦，是一種資本。不經歷一番風霜苦，難有梅花吐清香，只有那些受得了挫折和艱辛磨難的人，才可以鑄就輝煌的人生。

十、做一個生活的強者

　　世界上有一種可貴的品格，一種堅韌不拔的精神。它曾經讓無數被失敗打倒、被困難擊退的人們重新站了起來，重新向成功的大門勇敢地邁去。如果沒有它，海倫・凱勒就不會擁有傳奇的人生，就不會獲得世人的廣泛讚賞；如果沒有它，貝多芬就創造不出那麼夢幻，那麼出神入化的音樂；如果沒有它，居里夫人就不會發現鐳……當你哪一天真正擁有它時，你就真的長大了。它就是——自強。

　　「天行健，君子以自強不息。」可以說，古往今來，凡成就大事之人，都是自立自強的人。一個人只有不依賴別人，才能夠自立自強；一個人只有自強不息，才能做到堅忍不拔；一個人只有不畏困難與挫折，才能夠做到志存高遠。

　　　1995年患了中風，全身癱瘓的法國作家尚・多明尼克・博比，只有左眼皮能動彈。面對病魔，他沒有像其他人想的那樣悲觀失望、自暴自棄，甚至輕生。多明尼克選擇了自強，他決定把自己的經歷和感受寫出來。他讓祕書把法語字母按照使用頻率的高低排出次序，編成一個字母表，然後按順序一個個地念字母。當多明尼克聽到自己需要的字母時，就眨一下左眼皮，如果不要就眨兩下……就這樣一個字母一個字母地進行著他的寫作。

　　　經過長時間的艱苦努力，他終於寫成了《潛水鐘

和蝴蝶》一書。此書的主題是生活中遇到了不幸，就像潛水衣的硬殼一樣，使他幾乎喘不過氣來，但他並沒有放棄理想和希望，他的心就像一隻輕盈的蝴蝶般自由、愉快地飛翔。

一個在常人口中被稱為「廢人」的人，憑藉著堅強的毅力拚搏著。他告訴人們，即使你在生活中遇到了不幸，無論你的命運多麼曲折，也不能氣餒，就此放棄。應更加努力地去奮鬥，讓自己的人生色彩斑斕。

假如當初多明尼克整天灰心喪氣，對生命失去希望，假如當初多明尼克整天歎息前途渺茫，感嘆歲月蹉跎，埋怨命運弄人，那麼，他就不會寫出好的作品，而只會成為一個真正意義上的廢人。正因為他擁有自強的可貴品質與精神，才會有他今天的成就。一個重度殘疾者，都能用堅強的意志與頑強的生命創造奇蹟，能用百折不撓的毅力創造輝煌，我們這些五官健全的人為何不能呢？

有人可能會問：「自強到底是什麼？」自強是遇到困難不低頭，是努力向上，是奮發進取，是對美好未來的無限憧憬，是對理想的不懈追求。一個人一旦沒有了自強，那他的生活，他的人生便會黯淡無光。

我們知道，曲線總是比直線美。人生就如曲線和直線一樣，充滿奮鬥與追求，充滿理想和目標，自強不息的人生難道不比平淡無味，黯淡無光的人生美麗嗎？人唯有在這種由憂到喜，不斷自強的日子裡，才能真正品味到生命的意義和充滿活力的人生。

英國物理學家布拉格，小時候家裡很窮。他在學校讀書時，因為家裡經濟條件太差，父母無法給他買好看的衣服和舒適的鞋子，他常常是衣衫襤褸，拖著一雙與他的腳很不相稱的破舊皮鞋去上學，即便這一雙舊皮鞋，還是父親的。

然而，貧困的現狀並沒有消磨他的意志。憑藉著自己對夢想的不懈追求，透過頑強的努力，布拉格在科學的崎嶇山路上踏著荊棘前進，終於達到很大的成就。

當我們被這些事蹟感動的同時，也引發了深深的思考。現在的人們一遇到挫折、失敗、困難，就一蹶不振，甚至輕生，這實在是不應該。所以，我們更要學會自強。那麼，我們應如何自立自強呢？

首先，我們要樹立堅定的理想。理想是自強的航標，是人生成功的藍圖和基石，是人生奮進的路標和動力。有了理想，生活就有了方向。有了理想之後，還要為之執著追求。第二，要戰勝自我。人總是有缺點的，但缺點是可以改正的。我們要勇於戰勝自我，這是自強的關鍵。第三，要懂得發現自己的長處和興趣愛好。可以說，找到自己的長處和興趣愛好，就很容易確定自己的努力方向，我們的主動性就會得到充分的發揮。可以說，找到自己的長處和興趣愛好，這是自強的捷徑。

自立，意味著我們要學會合理地安排自己的日常生活；意味著我們要在思想上長大成人，獨立生活；意味著要靠自己的力量

創造生活。自強，意味著自力更生，奮發圖強；意味著在困難面前知難而進，頑強拚搏。

　　人生的道路曲曲折折，在以後的日子裡，在我們面前的也許是困難與逆境，也許是富貴與甜美。困難就像惡魔，你越是害怕它，它越是張牙舞爪，但困難更像是一塊試金石，如果你是一塊真金，經過一次次的錘鍊和考驗，你就會變得更加堅強。我們需要挑戰困難，用微笑面對困難。我們要經受磨練，學會自立自強，讓自強不息的意志伴隨我們走向輝煌。雖然自強者未必都能成功，但「不自強而大成者，天下未之有也」。勝人者有力，自勝者強。永不退縮，你終究會成為人生道路上的強者。

　　讓我們都做一個自強的人，做一個生活的強者。

PART2
第二章　做事應有的氣場

一、塑造強氣場，積極做事

你的身邊有沒有這樣的人——他有頭腦，有想法，聲音洪亮，辦事雷厲風行，在別人眼裡是公認的能人。讓他推行方案、主持重大工作時，他能夠順利地完成任務，能交給上司和同事一份滿意的答卷。那麼，你有沒有想過：他成功的原因是什麼。

答案歸結為四個字：積極做事。

積極做事是一種充滿睿智，激昂澎湃的做事藝術。何謂「積極」？積極是一種熱情向上、樂觀灑脫的心態，是雄心與氣魄的顯現，是一種高姿態的做事風格。在命運的土壤中播撒頑強的種子，在絕望中生出希望的光芒，外界的障礙可以阻擋一個人的出路，但卻阻擋不了一個人的意志。不向命運低頭，不向命運屈服，不僅展現了一種積極做事的硬氣，更顯示出一種積極立世的策略。

積極才能樹立高起點，起點高才會成就大。「取乎其上，得乎其中；取乎其中，得乎其下。」如果做事的起點高，定位高，標準高，那麼品質也高，結果也好。因此，積極做事的前提就是擁有奔騰不息的雄心以及搏擊長空的宏偉志向。面對命運的挑戰，只有選擇做生活的強者，才能緊緊扼住命運的咽喉，披荊斬棘，一往無前。因此，若想積極做事，首先要做自己命運的設計師，精心地雕琢自己的事業，這樣才可能出現另一番天地。

明宇和葉子同時考入同一所知名大學。在校期間，兩個人都是非常優秀的學生。畢業時，兩人又被

同一家國際知名大企業聘用。

　　因為是校友，兩人自然成了好朋友。從普通大學生一下子跨入白領階層，這讓他們身邊的人豔羨不已。葉子對這份待遇優厚的工作非常滿意。

　　現代社會競爭非常激烈，為了保住這個「金飯碗」，葉子總是小心翼翼地工作，生怕出一點差錯。

　　與葉子相比，明宇則完全不同。雖然到公司以後，工作也非常出色，並且博得了上司的賞識，但明宇覺得這家公司不太適合自己。於是在工做了一段時間，累積了一定的工作經驗之後，明宇毅然決定辭去這份工作，出外闖蕩。臨行前，明宇跟葉子打了個招呼，並把自己的想法告訴了她。

　　「你簡直是瘋了！放著好好的工作不做，卻要自立門戶。你以為生意就那麼好做？要是破產了怎麼辦？」葉子對明宇的想法非常不理解。

　　「我們年輕，年輕就是資本。我覺得這份工作不太適合我，我要出去闖一闖。『王侯將相寧有種乎！』我相信我有足夠的能力做出一番事業，我完全可以自己當老闆！」明宇充滿信心地說。

　　「我們剛工作沒多久，不要有那麼大的野心。對我們來說，穩定是最重要的，並且我們的工作不錯，待遇已經非常好了，別人想找這樣的工作還找不到呢！」葉子善意地規勸明宇。

　　「葉子，現代社會的競爭非常慘烈，我們不能總

安於現狀，進取心是非常重要的。我要向自己發起挑戰，你也一樣，別總是安於現狀。你要衡量這家公司到底適不適合自己。不管是走是留，你都要有進取心才行。」明宇反過來勸葉子。

最後，明宇離開公司到外面闖蕩去了，最終成就了自己的一番事業，而葉子依舊悉心呵護著他那份穩定而待遇優厚的工作。

明宇果斷行動、敢闖敢做的高調做事風格，為自己贏得了一個不斷超越過去、挑戰未來的機會。積極做事者不僅擁有「咬住青山不放鬆，任爾東西南北風」的心態，而且講究做事的方法與藝術，頗有大將風範。

人生就是一個不斷奮鬥前進的過程。做事講究「積極」，在挑戰自己的同時，也在搏擊人生。強者愈強，弱者愈弱。面對人生道路上的高山險峻，高調做事者能夠始終如一地衝在最前方，獨領風騷。無論是處於弱勢還是置身強勢，積極做事者都會保持強者風采。

能主宰自己的命運的人，可以使沙漠中長出綠洲；被命運主宰的人，他的生命將會變成沙漠。大凡積極做事者，多是能夠主宰自己命運的人。一個人只要胸懷遠大的理想和奮鬥目標，努力積極做事，就會有無窮無盡的力量。

只有積極做事者，才能把握命運，才能把自己的想法變為現實，無論遇到什麼困難都會勇往直前。在積極做事者的眼中，失敗是一種動力，鞭策他們更加奮力拚搏。

立即行動，去做你想做的事吧！提升自己的人格、發展自己的個性，最重要的是積極地去做你想做的事情。

二、有計畫做事的人有堅定氣場

　　人生一世，草木一秋。有的人糊裡糊塗，終其一生，日復一日，年復一年，既無目標，也無追求，吃喝拉撒睡之間，走到盡頭；有的人時而清醒，時而糊塗，時而雄心萬丈，時而隨波逐流，幾經起落，最後，自認平庸，仰天長歎：「此生運氣差，如果有下輩子，定當……」而有的人，除去少不更事和老糊塗兩個階段，在人生旅程的關鍵時段，始終頭腦清醒，目標明確，行動有力，他們始終保持堅定而強大的氣場。這便是得益於「計畫」的功效。

　　人生的計畫，是為了給自己的人生多創造點機會，為自己帶來更多的自我價值。做事要有計畫，正如伊頓公司的名言 ── 做出規劃，今天所做的事情是為了我們有更好的明天，未來屬於那些在今天做出艱難決策的人們。

　　計畫像一座橋，連接我們現在所處的位置和你想要去的地方。同樣，計畫是連接起點與目標之間的橋樑，也是連接行動和目標的橋樑。沒有計畫，實現目標往往可能是一句空話。計畫對於人生來說相當重要，如果你在計畫上失敗了，那你注定會在執行上失敗。沒有計畫的人生雜亂無章，看似忙碌，卻是毫無意義的。

有本雜誌上刊登過這麼一個故事：

　　有一個在小鎮上做了十幾年生意的商人，生意失敗了。當一位債主跑來向他要債的時候，這位可憐的商人正在思考他失敗的原因。

　　商人問債主：「我為什麼會失敗呢？難道是我對顧客不熱情、不客氣嗎？」

　　債主說：「也許事情並沒有你想像得那麼可怕，你不是還有許多資產嗎？你完全可以再從頭做起！」

　　「什麼？再從頭做起？」商人有些生氣。

　　「是的，你應該把你目前的經營情況列在資產負債表上，好好清算一下，再從頭做起。」債主好意勸道。

　　「你的意思是要我把所有的資產和負債項目詳細核算一下，列出一張表格嗎？是要把門面、地板、桌椅、櫥櫃、窗戶都重新洗刷、油漆一下，重新開張嗎？」商人有些納悶。

　　「是的，你現在最需要做的就是按你的計畫去做事。」債主堅定地說道。

　　「事實上，這些事情我早在十五年前就想做了，但是一直沒有去做。也許你說的是對的。」商人喃喃自語道。後來，他確實按債主的主意去做了，而且，他的生意也成功了。

商人有了計畫，才成功地做成了生意。如果他在他的生命藍圖裡毫無計畫，他真的會一直迷惘下去，更別提獲得成功了。

　　有些人不喜歡讓自己的計畫去支配自己，這樣不僅對別人不負責，對自己也不負責，對社會更不負責。一個沒有計畫的人，他們在遇到挫折後，不知道如何面對而選擇逃避，他們需要計畫去指引。

　　未來不是現實，未來的事情往往很少能確定。就如同航海，你在航行的過程中也不知道會不會有暴風雨，即使天氣預報有時也會失誤，未來的不確定性使得計畫更加重要。有的人說反正情況總會發生變化，未來也難以確定，現在制訂計畫又有什麼用，不是白費力氣嗎？事情並不是這樣的。如果有計畫，一旦情況發生變化，人們也不會措手不及，只有按部就班地實現目標，才有可能實現自己的理想。

　　一行人去旅遊。他們的假期有限，財力也有限，但偏偏又想盡可能地多玩幾個地方。這就需要有個周詳的計畫。幸好他們之中有一位是導遊出身，他在出發前兩個月就拿出了周密詳盡的計畫，之後五日一大修，兩日一小改，等到臨近出發時，沿線大小景點、車船班次、公里數以及民風民俗、餐廳旅社、土特產品等，他幾乎都能倒背如流。

　　一路上，他們照計畫行進，在那片從未造訪過的土地上竟然暢游得如魚得水。當然，這都得歸功於那個完美的計畫。

然而，即使一切均在預期之中，又讓他們覺得有些許遺憾之處。他們受沿途壯麗、遼闊而神祕的景象誘惑後，開始不滿足於按部就班，惡作劇地試圖破壞原有計畫，但他們終於發現那計畫根本沒辦法破壞，它實在是太完美了！

進入新疆境內，他們按計畫包了一輛車，從吐魯番出發，過托克遜，過庫爾勒，過輪台，過庫車、過阿克蘇，最後到達喀什。

沒想到那一帶遭遇大水，好好的公路被沖斷成一截一截，看見那麼多從來都是稀缺、寶貴的水就在戈壁上漫無邊際地流淌，他們不得不一再繞道而行。紅色的車在紅色的土路上搖搖晃晃地揚起層層的塵埃，像大海裡一條漂泊的小船。

天漸漸黑了，他們中有一人突然生病，然而預定到達的城市還遠在數百里之外。他們必須考慮何去何從。

——難道只能在這裡住下嗎？

——前方可有稍微安全一些的宿營地？

——不，他們必須按計畫趕到預定城市。

最後說話的，仍然是那位完美計畫的制訂者。

那晚，他們終於趕到了那座城市，病人得以治療，隊伍得以休整。

對於計畫外的東西，他們一無所知。正是那份完美無缺的計

畫，指引了他們，讓他們在茫茫的戈壁灘上沒有迷失方向，找到了前進的道路。

當然，即便將來的所有情況都是確定的，你還是得做計畫。你必須選擇達到某一目標的最好方法，使行為更有效率，實現目標更有利。情況一旦確定，並不等於你只有一條路可以走，你往往會面臨多種選擇。比如，你從上海至北京旅遊，天氣情況無變化，汽車票、火車票、飛機票均無變化，你選擇哪一種交通工具呢？坐飛機的時間短，但價格太貴；汽車、火車的速度慢一些，但價格便宜。你是要省時間，還是要省錢，這些都必須考慮清楚，列入計畫。

記住，有計畫地做事，你將擁有堅定而強大的氣場，你將會充實且有效率地實現目標。

三、懂得變通者更易成功

光滑的牆壁上，一隻螞蟻正在艱難地往上爬，爬到一大半時，忽然跌落下來，這是牠的第七次失敗。然而過了一會兒，牠又沿著牆角往上爬了。有人會為螞蟻的堅持不懈喝采——這種精神固然值得肯定，但是這隻可憐的螞蟻只需改變一下自己向上爬的方向，便會順利地抵達目的地。

可見，靈活變通是牠所欠缺的。

善於變通的人，能夠使難成之事心想事成，從而讓自己的人生旅途處處順心。善於變通，能夠在緊要關頭化險為夷，從而讓

自己在社交中事事如意。做人會不會變通，將決定你的一生成敗。會變通的人做什麼都輕而易舉，易如反掌，難事可變易事；不會變通的人做什麼都四處碰壁，孤立無援，易事也成難事。做事時要學會變通，放棄毫無意義的固執，這樣才能更好地做成事情。

　　兩個貧苦的樵夫靠著上山撿柴餬口。有一天他們在山裡發現兩大包棉花，兩人喜出望外。棉花的價格高過柴薪數倍，將這兩包棉花賣掉，足以供家人一個月的衣食。當下兩人各自背了一包棉花，便欲趕路回家。

　　走著走著，其中一名樵夫眼尖，看到山路上扔著一大捆布，走近細看，竟是上等的細麻布，足足有十多匹之多。他欣喜之餘，和同伴商量，一同放下背負的棉花，改背麻布回家。

　　他的同伴卻有不同的看法，認為自己背著棉花已走了一大段路，到了這裡丟下棉花，豈不枉費自己先前的辛苦，堅持不願換麻布。先前發現麻布的樵夫屢勸同伴不聽，只得自己竭盡所能地背起麻布，繼續前進。

　　又走了一段路後，背麻布的樵夫望見林中閃閃發光，待走近一看，地上竟然散落著數罈黃金，心想這下真的發財了，趕快邀同伴放下肩頭的麻布及棉花，改用挑柴的扁擔挑黃金。

他的同伴仍不願丟下棉花，並且懷疑那些黃金不是真的，勸他不要白費力氣，免得到頭來空歡喜一場。

　　發現黃金的樵夫只好自己挑了兩罈黃金，和背棉花的夥伴一起趕路回家。

　　走到山下時，無緣無故下了一場大雨，倆人在空曠處被淋得一身濕。更不幸的是，背棉花的樵夫背上的一大包棉花，因為吸飽了雨水，重得完全無法再背。那樵夫不得已，只能丟下一路辛苦捨不得放棄的棉花，空著手和挑著黃金的同伴回家去。

　　由此可見，在很多時候，我們要學會放棄固執，變通行事。變通就是以改變自己為途徑通向成功。假如我們步行到達一條河邊，河水奔騰不息，擋住了我們的道路，而目的地就在對岸，極目能見，但是面前這條河使我們陷入了困境。執著地用雙腳渡河，不但不能成功，反而會使我們跌落河中。此時我們需改變自己，由步行改為游泳或乘船，都能到達成功的彼岸，渡過大河的成功者都是因為懂得變通。

　　世上沒有辦不成的事，只有不懂得變通的人。成功的機會對每個人來說都是均等的，要想順利成事，獲得成功的青睞，還需要深諳做事、做人之道。做人有學問，其中最大的學問就是懂變通。學會了變通，你就能在做事上勝人一籌。

　　一個人要想做成自己的事，不能單靠苦思冥想，而要像魔術師那樣變換手段。善於變通的人能夠認識到什麼是機會，並會及

時採取行動抓住機會。變通能力需要以人的洞察力和行動力為武器，要時時與自身固執的心態作抗爭。

　　村莊裡有一位對上帝非常虔誠的牧師，四十年來，他照管著教區中所有的人，是一個典範的聖徒。有一天，天下起雨來。傾盆大雨連續不停地下了二十天，水位高漲，迫使老牧師爬上了教堂的屋頂。正當他站在那裡渾身顫抖時，有個人划船過來，對他說道：「神父，快上來，我把你帶到高地。」

　　牧師看了看他，回答道：「四十年來，我一直按照上帝的旨意做事。我一年只休一個星期的假期，而在這一個星期的假期中，我去了一家孤兒院幫助做飯。我真誠地相信上帝，你可以駕船離開了，我將停留在這裡，上帝會救我的。」

　　那人划著船離去了。兩天之後，水位漲得更高，老牧師緊緊地抱著教堂的塔頂，水幾乎要漫過他的脖子。這時，一架直升飛機飛過來，飛行員對他喊道：「神父，快點兒，我放下吊架，你把吊帶在身上綁好，我們將把你帶到安全地帶。」對此，老牧師回答道：「不，不。」他又一次講述了他一生的工作和他對上帝的信仰。就這樣，直升飛機遠去了。幾個小時之後，老牧師被水沖走，淹死了。

　　牧師死後直接升上天堂。他對自己最後的遭遇頗為生氣，來到天堂時，情緒很不好。他看見上帝後，

生氣地說道：「四十年來，我遵照您的旨意做事，有過之而無不及，而當我最需要您的時候，您卻讓我被淹死了。」

上帝回望著他，迷惑不解地說：「你被淹死了？我不相信，我確信我給你派去了一條船和一架直升飛機。」

事實上，在人的一生中，類似於船與直升飛機的機會不只出現一次而已，你需要的抓住機會。變通，能讓那些令你熟視無睹、看似偶然的事件變成真正的機會。

梁啟超說：「變則通，通則久。」 對於善於變通的人而言，這個世界上不存在困難，只存在暫時還沒有想到的方法。然而方法終究是會想出來的，所以，善於變通的人只有一個歸宿，那就是成功。

四、做事要善於把握分寸

在人們為人處世與安身立命的研究中，研究人員發現，那些成功人士之所以能夠在人生的道路上呼風喚雨，其原因不僅僅在於他們的聰明，也不僅僅在於他們的勤奮，更不在於他們運用多少方法與手段，而在於他們對人性的洞察，他們懂得什麼叫恰如其分，什麼叫不偏不倚，什麼叫見好就收。簡而言之，就是他們善於「把握分寸」。

服藥治病，劑量必須適當，量小治不了病，量大又會造成中毒。在農業生產中，播種量、施肥量等要適度。在工業生產中，機器的運轉速度、運轉時間要適度。孔子說：「過猶不及。」意思是說，事情做過了頭，就像做得不夠一樣，也達不到預期的目的。

我們不管做什麼事，都要恰到好處。京劇演員表演，總講究不慍不火。優秀的歌手在熱情地歌唱時，情真而又能自持。大千世界，古往今來，任何事都離不開「分寸」二字。人生在世，分寸無處不在。人際關係需要把握分寸，成就事業需要把握分寸，推進工作需要把握分寸。為人行事要有分寸，與人交往也要有分寸；說一句話要有分寸，遞一個眼神也要有分寸。有人比喻說，分寸是合腳的鞋，不大也不小。分寸是初春的風，不冷也不熱。分寸是及時的雨，不遲也不早。分寸是名廚的鹽，不鹹也不淡。分寸既是一個理論問題，又是個實踐問題。

漫漫人生，既是目的更是過程。人生之旅中的生命閃光處，不一定是草長鶯飛時；人生得意時，不一定是踏花歸來處。人生的成敗興衰，濃淡緩急，無不在把握分寸中見分曉。

大仲馬在俄國旅行，來到一座城市，他決定去參觀這個城市最大的書店。老闆聽到這個消息，便想設法做點讓這位法國著名作家高興的事情。於是，他在所有的書架上擺滿了大仲馬的著作。

大仲馬走進書店，見書架上全是自己的書，很吃驚。「其他作家的書呢？」他迷惑不解地問。「其他

作家的書……」書店老闆一時不知所措，信口說道：
「全……全都賣完了！」話一出口，連他自己也傻眼
了。

　　書店老闆本來是想讚美和討好大仲馬，但他的所作所為實在
太過，完全不符合實際，缺少真誠的表現，使雙方都陷入了尷尬
的局面，導致事情完全背離了他所希望的結果。
　　事實上，還有更多的事例不斷地在提醒著我們這樣一個真
理：做人做事不能太倔強、太死板、太剛硬、太自傲、太聰明、
太老實、太軟弱。說話不可太滿，路不能走太絕……可方可圓，
能屈能伸，當忍則忍，隨機應變，是許多歷史人物成功的重要途
徑。做人做事能夠權衡利弊，把握輕重，外表大度圓融，內心見
稜見角。如此處事待人，才有迴旋之地。
　　人生當中最難把握的兩個字就是分寸，看看我們所處的世
界，因為有一個完美的尺度，才顯得端莊和諧。看看我們周圍的
人群，因為有分寸，才使得人生既有失敗的懊惱，也有成功的歡
欣。做人做到恰如其分，是人生的最高境界；做事做到恰到好
處，是人生的最大學問。總之，做人做事不要太過分了。把握好
了人生分寸，就等於掌握了自己的命運。
　　偶爾會聽人說：「你很會做事，分寸尺度把握得很好。」當
然，很多人都想知道這個「分寸尺度」該如何掌控，然而，掌控
好這個「分寸尺度」並非一件易事，因為分寸尺度沒有具體的標
準讓你衡量。中國人講究做人的藝術、做事的法則，這些都需要
把握一個分寸尺度，這樣才能充分展現自我的價值，才能實現做

事的最高境界。如果不懂得把握分寸，那他在與對手的競爭中會輸得很慘。

所以我們說，辦事掌握分寸，能方能圓，能剛能柔，能進能退，智勝而非力取，不死板也不奸猾。只有達到這種境界，才能游刃有餘、得心應手地應對一切難題。世上沒有一成不變的做事方法，此一時彼一時，運用之妙，存乎一心。

「做事要注意分寸」，確是一句至理名言。事實上，做任何事都是個「分寸」的把握，拿捏得「恰到好處」，那就是高手。中醫講究「陰陽平衡」，認為「太過和不及都是病態」，就是講的「做事要有分寸」這個道理。做事剛柔相濟，在舉手投足間才能左右逢源。這裡面的學問深不可測，參透其中玄機的人，在社會上縱橫行走，才能成就人生的輝煌。

五、於細微之處下工夫

「泰山不拒細壤，故能成其高；江海不擇細流，故能就其深。」大禮不辭小讓，細節決定成敗。想做大事的人有很多，但願意把小事做得完美的人則很少。而事實上，我們不缺少雄韜偉略的戰略家，缺少的是精益求精的執行者；不缺少各類管理規章制度，缺少的是規章條款的確實執行。

毫不誇張地說，細節能決定成功者與失敗者之間究竟有多大差別。其實，人與人之間在智力和體力上的差異並不是想像中那麼大。很多小事，一個人能做，另外的人也能做，只是做出來的

效果不一樣，往往是一些細節上的功夫，決定著完成的品質。

太空第一人加加林就是能從細節中走向成功的人。

前蘇聯太空人加加林在1961年4月12日，乘坐「東方一號」太空梭進入太空遨遊了89分鐘，成為世界上第一位進入太空的太空人。那麼，他為什麼能夠從二十多名太空人中脫穎而出呢？

原來，在確定人選的前一個星期，太空梭的主設計師羅廖夫發現，在進入太空梭前，只有加加林一個人脫下鞋子，只穿襪子進入座艙。就是這個細小的舉動一下子贏得了羅廖夫的好感，他覺得這位二十七歲的青年既懂規矩，又如此珍愛他為之傾注心血的太空梭，於是決定讓加加林執行人類首次太空飛行的神聖使命。

加加林透過一個不經意的細節，表現了他珍愛他人工作成果的修養和素質，也使他成為遨遊太空的第一人。要知道，細節總容易為人所忽視，所以往往最能反映一個人的真實狀態，因而也最能展現一個人的修養。正因為如此，透過小事看人，才日漸成為衡量、評價一個人的最重要的方式之一。

阿基勃特曾經是美國標準石油公司的一位小職員。他在出差住旅館時，總在自己簽名的下方寫上「每桶四美元的標準石油」字樣，在書信及收據上也

不例外，簽了名，就一定寫上那幾個字。他因此被同事們叫做「每桶四美元」，而他的真名反倒沒人叫了。

董事長洛克菲勒知道這件事後說：「竟有職員如此努力宣揚公司的品牌，我要見見他。」他邀請阿基勃特共進晚餐。後來，阿基勃特在洛克菲勒卸任之後，成了第二任董事長。

這是一件誰都可以做到的事，但卻只有阿基勃特一個人去做了，而且堅定不移、樂此不疲。在嘲笑他的人中，肯定有不少人的才華、能力在他之上，可是最後，只有他成了董事長。原因就在於他把這個細節做到了極致。

古語有云：「千里之堤，潰於蟻穴。」就是強調，要想成就偉大的事業，就不要忽視微小之處。然而，環顧四周，大而化之、馬馬虎虎的毛病隨處可見，「差不多」先生比比皆是，「好像」、「幾乎」、「將近」、「大約」、「應該」、「可能」等，已逐漸成為人們習以為常的口頭禪。實際上，就在這些辭彙一再使用的同時，許多重大決策便只停留在紙上，許多重點工作都只落實在表面上，許多宏偉的目標都成了海市蜃樓。所以說，我們只有改變了心浮氣躁、淺嚐輒止的毛病，注重細節，在細微處把事情做好，才能成功。

萬捷是雅昌印刷公司的董事長。雅昌公司於2003年、2005年兩次獲得美國印刷大獎。這是全球印刷界的最高榮譽，相當於印刷業的奧斯卡。

我們都有過買書的經歷，有時，書一打開，我們可能會發現，裡面有一頁不知被誰踩了個腳印。這對我們來講，是個遺憾；而對萬捷來講，則是個不容忽視的現象。他會開始研究，這腳印是誰踩的？為什麼會踩上去？紙在什麼地方？有幾張紙可能會被踩到？什麼時候踩到？以後如何不再被踩到？只是一個腳印，就研究了很久，從紙張的儲存、搬運到切割、上機，統統都要進行研究分析。

他說，做印刷品和做服務是完全一樣的，也要強調品質、週期、交貨、價格，還有售後服務和品質管理。

萬捷做印刷，會注意很多細節，比如：雅昌不會等到客戶反映有幾本書印得不好才補送，而是每次直接多送幾本；雅昌不會等別人抱怨膠怎麼會脫落下來，才研究自己的膠有什麼缺點；雅昌不會等人家批評彩色套印不清楚，才研究自己的紙和印刷機有什麼問題……

很多印刷企業有個很不好的習慣：產品印好了以後，用亂七八糟的報紙包裝，隨便弄個綁帶綁綑。而雅昌不是這樣，他們的包裝紙很整潔，綁帶也綁得很均勻，甚至連運輸的卡車底板都擦洗得很乾淨，再把書搬上車。

由上述細節，你就看得出來它跟一般印刷廠的區別。所以，他們的貨交出來就很完美，乾乾淨淨、整整齊齊，沒有破損和短缺。能夠做到這麼細心，他們怎能不得獎呢？

當今時代，每個人都想做點大事，做出成績，但細心觀察，又覺得不少人心浮氣躁，不少事淺嘗輒止。芸芸眾生，能做大事的實在太少，多數人的多數情況總還只能做一些具體的事、瑣碎

的事、單調的事，也許過於平淡，也許雞毛蒜皮，但這就是工作，是生活，是成就大事不可缺少的基礎。細節的成功看似偶然，實則孕育著成功的必然。細節不是孤立存在的，就像浪花顯示了大海的美麗，但必須依託於大海才能存在一樣。

成功學大師卡內基曾說：「一個不注意小事情的人，永遠不會成就大事業。」那麼，在工作和生活中，我們如何在細微之處下工夫呢？

我們要關心周遭所發生的事情，常思考其因果關係；對無法做到完美的問題，要找到它們的根本癥結。對習以為常的做事方法，要有改進或優化的建議；無論做什麼事情，都要養成有條不紊和井然有序的習慣；經常去找幾個別人看不出來的缺點或弊端；自己要隨時隨地對不足的地方「補位」。做到了這些，成功就在不遠的前方。

六、果斷做事，當斷不斷理還亂

機會如風，來無影去無蹤，但它卻經過每一個人的身旁，就看你是否感覺得到。機會在每個人面前都是平等的，有的人總以為機會來臨時還要先打個招呼，這樣空等，不知錯失了多少機會，所以說機會不是等來的。人一生之中能夠果斷堅定，把握機會，就可能會品嚐到成功的歡樂；優柔寡斷，瞻前顧後，就可能會錯過很多機會，甚至留下永遠的遺憾。如果一個人經常考慮生活中的種種「如果……會如何」，那他就會寸步難行。

在非洲草原上，金合歡樹盡情地舒展開樹冠，猶如一把碩大的遮陽傘。樹下鮮嫩的青草吸引來了一群黑斑羚。不遠處的草叢中，就埋伏著一頭獵豹。

　　獵豹心想：「數量這麼多，我到底應該盯住哪一隻呢？看——那隻，只顧著低頭吃草，暫時喪失了警惕，就去抓牠吧……哦，不，在牠身旁，還有一隻雄性的，頭上僅剩下一隻犄角，另一隻角估計是在打鬥中被對手折斷的，想必這羚羊的反抗能力會大大下降，大概不難捕捉……嘿！還有更好的呢！那隻倚在樹幹上的羊，膘肥體壯，看！牠身上的肉多麼厚實。捕獵的目的不就是為了吃到更多的肉嗎，我如果殺死了牠，就能飽飽地吃上一頓，兩天內都不用再為進食憂愁了……再等等，還有更合適的呢……」

　　這時，樹頂的狒狒們居高臨下，發現了獵豹的身影，便立即發出警報。黑斑羚頓時集合在一起，朝一個方向撒腿猛跑。獵豹見此情景，只得遺憾地接受眼前的事實，牠曉得，追捕已經來不及了，而出其不意的伏擊及短距離衝刺才是自己的殺手鐧。

　　獵豹來到樹下，牠不像花豹那樣擁有爬樹的本領，而是仰面指責狒狒們多管閒事——破壞了牠的計畫，使牠失去了幾乎到手的美餐。其中一隻狒狒回答道：「你真活該！誰讓你猶猶豫豫的，在草叢裡蹲了老半天，也不發動攻擊。假如你能看準時機，該出手時就出手，那你此刻早就嚐到羚羊肉的滋味了。」

從這個故事中我們可以得到一個做事的道理，那就是，做事情不要瞻前顧後，該出手時就出手，不要讓機會從你的指縫間溜走，到最後就是後悔莫及。做人與做事是同樣的道理，做人要果斷，做事要利索，不要拖泥帶水。

「把握生命裡的每一分鐘，全力以赴我們心中的夢」。正如這首歌裡唱的，生命是寶貴的，生命裡的時間更是寶貴的，要想利用好這寶貴的時間，就得靠我們去果斷把握機會，抓住時機。

在問題面前，或靜止不動，或健步行走，或快速跳動，但不要猶豫不定。正如列夫·托爾斯泰說的那樣，行動是治癒恐懼的良藥，而猶豫、拖延會不斷滋養恐懼。這時便需要發揮「果斷」的力量。果斷能夠使人得到信心，信心能夠給人力量。

果斷是一種正面意義的性格，不果斷的背後往往隱藏的是多種價值的衝突。在面對困境，需要做出艱難抉擇的時候，果斷的人絕不會因循守舊、畏首畏尾。

有一個哲學家，在他年輕的時候，他對研究工作非常的努力。有一天，一位漂亮的小姐對他說：「我想嫁給你。」哲學家說：「我覺得一個人的生活很好，要結婚，得讓我想想。」於是，他就猶猶豫豫地琢磨，猶豫了十年，還沒有想好。

過了十年，他終於開口對小姐的父親說：「請把你的女兒嫁給我吧！」小姐的父親說：「親愛的先生，你來得太遲了。我的女兒已是三個孩子的母親了。」

他回到家中，非常後悔，結果就憂鬱而亡。臨死的時候，他焚毀了所有的書稿，只留下兩句話——前半生不猶豫，後半生不後悔。正因為他做事優柔寡斷，使自己一生後悔不已。

這則故事聽起來非常可笑，試想一下，結婚的事情竟然猶豫了十年的時間，他能等，但別人能等他嗎？最後，他也只能後悔。所以說，一個人在要作決策的時候，一定要當機立斷，否則將會受到損失。如果當初他當機立斷地答應小姐，那他這一生就找到了幸福，然而他卻沒有那樣做。

果斷的人，在需要力排眾議時不會瞻前顧後。果斷的人，遇到阻礙的時候，不會畏首畏尾；在遭受挫折的時候，不會垂頭喪氣。果斷的人，發現百年難得一遇的機會，不會猶豫不決。

2006年，麥當勞在北京人民大會堂與中國石化簽訂了一個協定，宣布結成策略聯盟，雙方將在中石化加油站網絡中建設「得來速」餐廳。

位於北京北郊的中石化沙河東加油站旁，一座麥當勞「得來速」餐廳於2007年1月19日正式投入運營。對中國石化而言，這是第一家雙方合作正式開業的「得來速」餐廳；對於麥當勞而言，則是其在中國大陸的第十六家「得來速」餐廳。

在這家餐廳的開幕儀式上，麥當勞（中國大陸）有限公司CEO施樂生宣稱，在未來十二至十八個月內，麥當勞與中國石化將聯合開二十五到三十家「得來速」餐廳。施樂生表示，中國大陸是一個潛在的巨大市場，選取中石化作為合作夥伴，是麥當勞

在中國大陸的一個重要策略。

顧客在「得來速」不用下車，在後面繞一圈點餐付錢後就能把餐點帶走。想想看，中石化在中國大陸有三萬個據點，如果每個加油站旁邊都配個麥當勞的話，這對麥當勞而言是個多麼大的商機。

麥當勞在全美速食行業排名第一，但是在中國大陸這一成長速度最快的市場，該品牌卻略遜於肯德基。憑藉與中石化的聯盟，麥當勞將有望能扭轉這一敗局。麥當勞果斷地抓住了這次機遇，簽了這個合約，在中國的發展也將會得到一個質的飛躍。

滾滾長江東逝水，滔滔黃河不回頭。它們沒有遲疑，所以鑄造了一瀉千里、浩浩蕩蕩的氣勢。它們沒有遲疑，所以開出了神聖的花，結出了碩大的果。我們為它的果敢喝采，我們為所有果斷的人歡呼喝采。

七、成功要講方式與方法

在角色多如牛毛的社會舞台上，總有一些成功人士一出場就能贏得滿堂彩，一抬首、一頓足就能顯出與眾不同，惹人注目。而我們大多數人，卻彷彿注定了沒沒無聞，只是來來往往，不能吸引眾多的眼光注目。我們的平凡無奇，似乎是無力改變的，彷彿就是為了襯托出「紅花」的嬌豔美麗。那麼，你甘心一輩子只做「綠葉」嗎？你難道願意與成功擦身而過嗎？其實，只要你具備了做事講究方式與方法的策略，成功就已經離你不遠了。

策略就是為了實現某一個目標，預先根據可能出現的問題制訂的若干對應的方案。並且，在實現目標的過程中，根據形勢的發展和變化來制訂出新的方案，或者根據形勢的發展和變化來選擇相應的方案，最終實現目標。

《北風與太陽》這則寓言故事，可以直觀地說明這個道理：

> 某一天，北風和太陽走在了一起，風要和太陽比一比誰最厲害。北風向下一看，看見一個行人，穿著大衣在馬路上艱難地行走，他說：「看誰能讓行人把大衣脫下來？」太陽說：「行。」然後風就用力吹了起來，風越吹，那行人越把大衣裹得緊緊的。北風生氣了，更猛烈地吹了起來，而那行人乾脆蹲在地上，裹緊大衣不動了。

> 而太陽則開始把自己的光輝輕輕灑向那行人，那行人覺得暖和了，便解開了衣扣，隨著溫度的增高，那行人乾脆把大衣脫了下來，最後太陽贏了，北風輸了。

短短的幾句話，讓這個畢業生猛然醒悟——做好事也要講究方法與策略。

正如太陽一樣，可以歸納出一個到裡做事講究方式與方法，才是成功的捷徑。做事策略很重要，做什麼事情都要講究方式與方法。沒有方法，你可能永遠也無法從此岸到達彼岸，相反地，有了方法，你就會少走很多彎路。很多時候，你離自己的目標只

差一步，你望著它，卻無法踰越那近在咫尺的一步之遙，因為你沒有方法。

　　一架飛機撞山失事了。成群的記者衝向深山，大家都希望能搶先報導失事現場的新聞，其中有一位廣播電台的記者拔得頭籌，在電視報紙都沒有任何資料的情況下，他卻做了連續十幾分鐘的獨家現場報導。

　　這位記者為什麼能搶到頭條呢？

　　因為他未到現場之前，就先請司機佔據了附近唯一的電話，打到公司，假裝有事通話的樣子，所以當他做好現場報導的錄音後，跑到電話旁邊時，雖然已經有好幾位記者在排隊等著，他卻只是將答錄機交給司機，就立刻透過電話對全國聽眾做了報導。

在現實生活中，許多人工作很勤奮，但就是不能取得突破，原因你明白嗎？不要忘記，任何問題都不止一種解決辦法。適時審視改進你的工作方法，就可以讓你事半功倍。

　　有一段時間，電影界突然一窩蜂地拍攝有動物參加演出的影片。雖然大家幾乎是同時開拍，但是其中有一家，不但影片推出早了許多，而且動物的表演也遠較其他同行精彩。

　　你知道其中的原因嗎？

　　因為在同一時間，他找了許多隻外形相似的動物演員，並各訓練一、二種表演。於是，當別人唯一的動物演員費盡力氣也只能演出幾個動作時，他的動物演員卻彷彿通靈的天才一般，變出

許多高難度的把戲。而且因為他採取好幾組同時拍攝的方式，剪接起來立刻就可以將電影推出。觀眾只見其中的小動物，爬高下梯、開門關窗、搬花送報……卻不知道全是由不同的小動物表演的。

可以說，世間許多非常的成功，都是以非常的辦法完成的。如果不肯動腦筋，和別人一樣循規蹈矩地做，那麼也就會和別人一樣平凡。

總之，做事時講究方式與方法，你便會少一分阻礙。它是你的潤滑劑，是推進你成功的動力。

八、塑良好氣場，拒絕拖延

「效率」這個詞，我們每天都會使用。在學校裡，老師強調要提高學習效率；工作時，老闆重申要提高工作效率；在家中，提高做事效率對我們是一個再自然不過的要求了。那麼，什麼是效率呢？

效率是指在一定的投入和技術的條件下，經濟資源沒有浪費，或對經濟資源做了能帶來最大可能性的滿足程度的利用，也是配置效率的一個簡化表達。簡潔的說法就是指最有效地使用社會資源，以滿足人類的願望和需要。

所謂效率高，就是在公司時間裡實際完成的工作量多，對個人而言，意味著節省了時間。當某些特定的標準被達到的時候，就說達到了效率。低效率則意味著做事雖然有結果，但是並不盡

如人意，它是平庸與無用功的代言詞。

　　1998年法國世界盃足球賽，最後一場是衛冕的巴西隊對主辦國法國，結果法國隊獲勝。下面是一個法國記者第二天訪問巴西隊的談話紀錄：

　　「昨天那場球賽踢得怎麼樣？」

　　「哎呀，那是一場世紀大賽，我踢掉一顆門牙，我同伴還踢斷一根肋骨，嗯，是很精彩。」

　　「結果呢？」

　　「輸了，輸了。」

　　法國記者接著問：「那你的對手法國隊呢？」

　　「法國隊的那些傢伙們走了狗屎運，有一個傢伙吃口香糖，站在球門旁邊，一個球飛過來，他就一腳踢過去，進了，你看看。」

　　法國記者開始講風涼話了：「還好意思跟我說你踢掉門牙，踢斷肋骨，人家吃口香糖都能進球，你也不感到羞愧！」

　　這個故事給人不少感觸——原來在足球場上，什麼都是廢話，射門進球最重要。從頭跑到尾，從尾跑到頭，滿場飛，這種人從表面上看是很有效率，關鍵問題是進球了嗎？進球才叫做有效率。同樣的道理，在工作中，公司員工在上司面前表現自己很英勇、神速，關鍵是很有效率嗎？公司要追求的是高效率，而並非讓你拖拖拉拉浪費時間。

胡安進公司兩年了，對待工作一向認真、投入、盡職盡責。他每天準時上班，而且為自己從未受到批評感到自豪。

　　某天，胡安去找經理理論，他說：「先生，我在公司工作了兩年，認真敬業，但是我感覺自己受到了忽視。羅赫六個月前來到公司，和我的職位一樣，現在卻已經升職了。」

　　經理顯得有點傷感，對他說：「一會兒我們再解釋這個問題，你現在可不可以幫我一個忙？我想給全體員工準備一些工作午餐用的水果，街道拐角有一家水果店，請幫我看一下有沒有橘子。」

　　胡安跑去五分鐘就回來了。

　　經理問他：「胡安，有橘子賣嗎？」

　　「報告經理，有橘子賣。」

　　「價錢是多少？」

　　「我沒有問這個。」

　　「那賣的橘子夠不夠所有員工吃？」

　　「我也沒有問這個。」

　　「那有其他水果賣嗎？」

　　「我不知道，但是我想……」

　　「哦，你先請坐下來稍等一會兒。」

　　經理打電話叫來了羅赫。羅赫來了之後，經理給了他與胡安相同的指示。十分鐘後，他回來了。

　　經理問他：「羅赫，你給我帶來了什麼消息？」

「報告經理，那裡有橘子賣，數量足夠全體員工吃。除此之外，他們還有香蕉、木瓜、甜瓜和芒果。橘子的售價是每公斤1.5美元。店主告訴我，如果買得多，他還能給我8%的折扣。我先預定了橘子，不過如果您選擇其他水果的話，我就再回去更改訂單。」

經理轉向一臉驚訝地等在旁邊的胡安，問道：「胡安，剛才你要和我商量的是什麼問題？」

「沒什麼，我感到十分抱歉。」

這個小故事告訴我們，效率的提高意味著你的辦事能力強，思維縝密，能夠贏得上司的青睞。如果只是拖延，工作的效果不僅沒有達到，還浪費了時間，更別提自己的發展前途了。

效率的提高，意味著資源的節約和社會財富的增加，效率是人類經濟活動追求的基本目標之一。

既然效率如此重要，那麼，我們應該如何提高效率呢？其實，提高它的方式很簡單。

首先，要確定方向，不走冤枉路。仔細想想做這項工作的重點是什麼，希望以此得到什麼結果，這樣做之後是不是真的能得到想要的結果。與別人一同討論後，再決定整個方向及流程。

其次，要做好各項事務的計畫安排。以一天的計畫表來說，首先列出你必須做的事，這些是你今天的首要工作；然後再列出應該做的事以及可以做但並不急於一時的事。之後評估各項工作所需的時間，再決定如何把時間分配到這些工作上。記住，應該

把最重要的事情放在一天中狀況最好的時間內去做。當一天的規劃完成後，可以延伸成一週的計畫，決定一週內最重要及必須做的事。此外，每天要確認行程是否照計畫進行。

最後，還要運用系統思考，分門別類地進行工作。養成把握重點，循序漸進，集中力量的習慣，決定次序，從最重要的事情著手。我們必須先決定哪一個工作比較重要，必須優先去做；哪些比較不重要，可以延後辦理。要明白，不考慮優先次序所產生的另一個結果，就是常會一事無成，而且，被拖延或耽擱的事情等之後再提出時，往往已失去時效性。

我們都知道，在與他人的競爭中，拖延只能讓他人領先。任何憧憬、理想和計畫，都會在拖延中落空。把今天的工作拖到以後去做，所耗去的時間和精力遠比今天完成的要多。拖延，只會讓你感到艱辛而痛苦，由此陷入平庸；立即且有效率地執行，便會感到簡單而快樂。

九、把握重點，把事做在問題點上

有些人整天忙忙碌碌，卻不見得有什麼成績，而有些人並不怎麼忙碌，卻輕輕鬆鬆，生活得有滋有味。同樣是二十四小時，卻有著不同的效率與品質。這是因為，做事能否抓住重點，是決定差異的一個重要因素。

我們在生活中面臨著各種各樣的問題，有時還會出現一些預料之外的事情讓我們措手不及。置身於紛繁複雜的事務中，有時

真的會讓人感到眼花撩亂。於是有的人就慌了手腳，對所有問題不分輕重地全部包攬下來。他們只顧不停地做事，卻少有梳理頭緒的方法，最後不但沒處理好事情，還使自己產生了厭倦情緒。而聰明的人無論處於多麼複雜的環境中，他都會停下來審視一番，分出輕重緩急。這樣處理事情，才是把事情做到了重點上，才能做好事情。

有這樣一個故事：

有一位農夫上山去砍樹，到了山上後，忽然想到腳上的草鞋很陳舊了，於是匆匆忙忙地搓繩打草鞋，忙完草鞋又檢查斧鋸，發現斧子太鈍，鋸子已鏽，於是又回來重新訂購斧子和鋸子，又嫌棄新斧子的材質不好……等到萬事俱備準備再次出發時，大雪已經封山。於是農夫就抱怨：「我的運氣真是不好。」

其實，問題不在於他運氣的好壞，而在於他總是不能把事情做正確。他的目標是在大雪封山之前完成砍樹的任務，鞋子的新與舊對此時的他來說並不重要，斧子太鈍、鋸子已鏽，可以立即動手磨利，並不需要訂購新的……總之，做出錯誤的選擇，總是不能抓住重點，目標只能落空。

法國作家莫泊桑，很小的時候便表現出了出眾的聰明才智。只要是他讀過的書，不管是什麼人何時問起，他都能夠倒背如流。而且他愛好廣泛，不但熱愛

讀書背書、寫詩作文，還喜歡踢足球、彈鋼琴、修理汽車、去燒烤店學習製作燒鵝，甚至是去鄉下種菜，都是他熱中做的事情。

有一天，莫泊桑跟舅父去拜訪他的好友、著名作家福樓拜。莫泊桑的舅父想將他推薦給福樓拜，讓他做莫泊桑的文學導師。可是，莫泊桑卻驕傲地問福樓拜究竟會些什麼。福樓拜反問莫泊桑會些什麼，莫泊桑得意地說：「我什麼都會，只要你知道的，我就會。」

福樓拜不慌不忙地說：「那好，你就先跟我說說你每天的學習情況吧！」莫泊桑自信地說：「我上午用兩個小時來讀書寫作，用另兩個小時來彈鋼琴，下午則用一個小時向鄰居學習修理汽車，用三個小時來練習踢足球。晚上，我會去燒烤店學習怎樣製作燒鵝，星期天則去鄉下種菜。」說完後，莫泊桑得意地反問道：「福樓拜先生，您每天的工作情況又是怎樣的呢？」

福樓拜笑了笑說：「我每天上午用四個小時來讀書寫作，下午用四個小時來讀書寫作，晚上，我還會用四個小時來讀書寫作。」莫泊桑不解地問：「難道您就不會別的了嗎？」福樓拜沒有回答，而是接著問：「我還想問問，你究竟有什麼特長，比如有哪樣事情你做得特別好的？」這下，莫泊桑答不上來了，於是，他反問福樓拜：「那麼，您的特長又是什麼

呢？」福樓拜說：「寫作。」

從某種意義上說，人生的意義就在於選擇對自己最重要的事情，然後去努力完成它、實現它。

在善惡事實中分辨選擇，在輕重緩急中學會取捨，在眾多的事情中學會抓重點，依照先重後輕、先急後緩的次序做事，把複雜的事情簡單化，各個擊破。這是我們從小就要學習的能力。

如果你要做的事情非常複雜，你很可能就沒有足夠的精力來同時全部完成了。如果你在做事情的時候，能找出重點，從「一個點」入手，那麼完成任務會容易一些，也會更快一些。所有事情一把抓，只會讓你疲憊不堪卻收效甚微。學會從千絲萬縷的任務中找到重點，學會統籌，學會計畫性地安排和盤算，才是成功的前提。

不必海闊天空，能把事分清重點的就是大智者；不必口若懸河，能把話說到重點上的就是真口才；不必東奔西走，能把事做到關鍵點上的就是好人才。

十、主動做事，傻瓜才會守株待兔

不可否認，現在市場的競爭，也就是人才的競爭。大浪淘沙，自己不努力，只有被摒棄。任何企業、任何老闆都希望用積極主動的員工。任何老闆，都需要那些主動尋找任務、主動完成任務、主動創造財富的員工。當今時代，需要那些積極主動的

人。

　　所謂的主動，指的是隨時準備把握機會，展現超乎他們要求的工作表現，以及擁有「為了完成任務，必要時不惜打破成規」的智慧和判斷力。那些工作時主動性差的員工，則墨守成規、避免犯錯，凡事只求忠誠公司規則，老闆沒同意做的事，絕不會插手；而工作時主動性強的員工，則勇於負責，有獨立思考的能力，必要時會發揮創意，以更好地完成任務。

　　要想在工作中獲得成功，就必須努力培養自己的主動意識，在工作中要勇於承擔責任，主動為自己設定工作目標，並不斷改進方式和方法。

　　　有位女孩在成功學家那裡擔任速記員。她的雇主很成功，每天都有很多的讀者來信給他，而這件事並未引起成功學家的注意。但是，卻在女孩心中打上了深深的烙印。從那天起，她開始在晚飯後回到辦公室繼續工作，不計報酬地做一些並非自己分內的工作，譬如替老闆給讀者回信。

　　　她認真研究成功學家的語言風格，以使得這些回信看上去和自己老闆寫的一樣好，有時甚至更好。她一直堅持這樣做，並不在意老闆是否注意到自己的努力。終於有一天，成功學家的祕書有事辭職，在挑選合適人選時，老闆自然而然地想到了這個女孩。

　　　在沒有得到這個職位之前已經身在其位了，這正是女孩獲得晉升最重要的原因。當下班的鈴聲響起之

後，她依然堅守在自己的職位上，在沒有任何報酬的情況下，依然用心工作，最終使自己有資格接受更高的職位。

　　故事並沒有結束。這位年輕女孩的能力如此優秀，引起了更多人的關注，其他公司紛紛提供更好的職位邀她加入。為了挽留她，成功學家多次提高她的薪水，與最初當一名普通速記員相比已經高出了四倍。

　主動去做老闆沒有交代的事情，並把這些事做好，你就能提升自己在老闆心目中的位置，還會被晉升到更高的職位，獲得更大的成功。

　無論是學習還是工作，都需要主動，不要總等著老闆吩咐任務給自己，這樣才能有更多的機遇。這就像一群嘰嘰喳喳等待老麻雀餵食的小麻雀，如果小麻雀不主動張開嘴巴，那麼，蟲子就會落入其他主動張開嘴的小麻雀嘴裡，因而失去吃到食物的機會。工作也是如此，只有主動去做，才能有更多的機會。

　　美國鋼鐵大王安德魯・卡內基小的時候迫於生計，很小就出去打零工了。第一次打工的工錢少得可憐。儘管如此，他也從沒有過放棄的念頭，他相信，憑藉自己的能力，一定可以找到不錯的工作。後來，他終於找到了一份在匹茲堡送電報的工作。卡內基十分珍惜這份工作，下決心一定要好好做才能有機會得

到發展。但是，這份工作要求工作人員對周圍的環境非常熟悉，而卡內基對當地卻很陌生，怎麼辦？他不想放棄這個難得的工作機會，於是每天下班之後就去熟悉各個街道和地名。就這樣，他風雨無阻地奔波在匹茲堡的大街小巷，終於熟悉了當地每一處地方。

為了充實自己，他白天送電報，晚上自學電信知識，到了清晨就跑去電信局練習。卡內基利用自己全部的業餘時間來為自己充電，近乎不知疲倦地工作和學習。

送電報的工作很辛苦，但卡內基沒有因此感到厭倦，相反地，他對發報產生了濃厚的興趣。當多數人抱怨工作枯燥無味、毫無意義的時候，卡內基卻對工作充滿了熱情。除了做好自己的本職工作外，他還總是主動去做一些分外的事，幫助其他同事或老闆處理一些力所能及的事。

有一天清晨，他早早地來到電信局上班，查看電報時發現有一封來自費城的緊急電報。電報緊急，但是值班的技師還沒有來，怎麼辦？卡內基知道這不是他分內的事，但是，他不能袖手旁觀，於是，他就代收了電報，準確地把它發了出去。後來，老闆知道了這件事，就把他提拔為電報士，薪水升了兩倍。

卡內基總是很主動地工作，他知道除了靠積極主動的工作態度之外，他沒有更好的辦法出人頭地。後來，賓夕法尼亞鐵路公司獨立，他又被提拔為電信科

主任的私人祕書。

可以說，職場中最重要的就是機會。沒有機會，再有能力的千里馬也難免被淹沒在普普通通的馬群之中。沒有一種成功會自動送上門來，任何機會都需要主動爭取。愛情如此，幸福如此，財富如此，健康如此，友誼如此，學習如此，機會如此，時間如此，工作也如此。在工作中，你如果不付出努力，積極主動地做事，就無法得到任何發展的機會。那麼，機會來自何處呢？機會來自主動，主動才能贏得一切。當你積極主動地做事，並且做到最好的時候，機會自然就會降臨。

如果你想有好的人際關係，你就必須選擇主動問候；如果你想受人歡迎，你就必須主動承擔責任；如果你想有機會晉升，你就必須主動爭取任務；如果你想要在工作中取得成就，你就必須主動工作。

十一、敢於冒險是挑戰成功的第一步

有人說，人生本身就是一場冒險。不冒點風險，哪來出人頭地的機會呢？世界的改變、生意的成功，常常屬於那些敢於抓住時機，敢於冒險的人。生命過程從本質上說就是一次探險，如果不是主動地迎接風險的挑戰，便是被動地等待風險的降臨，而冒險總比墨守成規讓你更有機會出頭。

在烈日下，一群饑渴的鱷魚陷身於水源快要斷絕的池塘中。面對這種情形，只有一隻小鱷魚起身離開了池塘，牠嘗試著去尋找新的綠洲。

塘中之水越來越少，最強壯的鱷魚開始不斷地吞噬身邊的同類，苟且倖存的鱷魚看來是難逃被吞食的命運，然而卻不見有鱷魚離開。

池塘似乎完全乾涸了，唯一的大鱷魚也耐不住饑渴而死去了。然而，那隻勇敢的小鱷魚經過多天的跋涉，幸運的牠竟然沒死在半途中，而是在乾旱的大地上，找到了一處水草豐美的綠洲。

勇敢的小鱷魚邁出了第一步，勇敢地選擇了曾經沒有經歷過的生活，結果牠活下來了。而那些強大的鱷魚安守現狀，結果卻面臨死亡。其實有時候，邁出去的那一步就是生命，邁出去的第一步就意味著成功。

日本大都不動產公司的創始人渡邊正雄曾是一個小商人，他發現不動產產業是個有前途的行業，就想去經營，但一沒資金，二沒經驗，他決定去大藏不動產公司工作，以便學習經驗，為自己創業打下基礎。可是，大藏公司不願接受他，無奈之下，他要求在大藏公司免薪工作一年。這一年，渡邊拚命工作，掌握了大量的資訊和經驗。可是在大藏公司願意高薪聘用他時，他卻離開了。後來，他千方百計籌得了一些資

金，開始從事經營房地產生意。

渡邊免薪工作之舉，看起來好像不算什麼，但對於十分貧窮的渡邊來說，卻是冒著極大的風險的。

創業之初，有人向渡邊推薦土地，那是一塊有著幾百萬平方公尺、價格便宜的土地。當時人跡罕至，沒有道路，沒有公共設施，但這塊土地卻與天皇御用地鄰近，能讓人感覺好像是與帝王生活在同一環境裡，能提高個人的身分，滿足自尊心。

以前這塊地曾向很多的地產公司推銷過，卻沒人願意買。渡邊傾力籌借資金，先付部分押金果斷地把地買了下來。同行們都嘲笑他是傻瓜，親戚朋友也為他的冒險擔心。渡邊毫不介意，而是緊緊地抓住這個機會不放。

戰後的日本，經濟開始迅速發展。人們的收入增加，大家逐步對城市的噪音和污染感到厭惡，對大自然開始心生嚮往。因為渡邊買下的這塊山地充滿了泥土的氣息和寧靜的景色，逐漸有人大感興趣了。渡邊乘勢在報刊上大肆宣傳那裡的優美環境，吸引一些富裕階層前往訂購別墅和果園。一些經營耕作的莊稼人，看到那裡有民房出租和有耕地租用，也前來定居和從事種植蔬菜果樹。

僅用了一年左右的時間，渡邊就把這塊幾百萬平方公尺的山地賣掉了八成，一下子使他賺到五十億日元。他用賺來的錢投資修建道路、整地，並將剩下的

二成土地蓋成一棟棟別墅。經過三年時間，那塊山地變成了一個漂亮的別墅區，渡邊所賺的錢也達到了數百億日元之多。

渡邊在總結自己的成功經驗時說：「我之所以能成功，就是因為我敢於冒險。我在選擇一個投資項目時，如果別人都說可行，這就不是機會——別人都能看見的機會不是機會。我每次選擇的都是別人說不行的項目，只有別人還沒有發現而你卻發現的機會才是黃金機會。儘管這樣做很冒險，但不冒險就沒有勝機，只要有50%的希望，就值得冒險。」

冒險是表現在人身上的一種勇氣和魅力。經驗告訴我們，冒險與收穫常常是結伴而行的。哥倫布如不航海探險，能登上新大陸嗎？達爾文不親身探險，蒐集資料，能完成鉅著《進化論》嗎？很多時候，成功的機會是和風險疊合在一起的。要想抓住成功的機會，就得冒一點風險。只有敢於冒險，你才有成功的可能。

沒有風險，就沒有收穫。敢於冒險，是挑戰成功的第一步，敢冒最大風險的人，才能抓住成功的機遇，才能在眾多的人群中脫穎而出，才能為自己的事業成功打下牢固的基礎，才能進一步實現自己人生最大的價值。

PART3

第 三 章　性格對氣場的影響

一、堅韌讓你具有強者風範

　　從來沒有一條筆直而又平坦的成功之路。如果你想要成功，就必須面對自然、人為的險阻和障礙。只有具備堅韌的性格才能讓你擁有強大的氣場，以百折不撓的毅力走出彎路，打敗那些困難，戰勝那些險阻，跨過那些障礙，並最終取得成功。

　　年輕時的華德‧迪士尼連維持自己的一日三餐都成問題，他原本是住在堪薩斯州的小城裡，最初的心願只是想當一名畫家。某日，他到坎薩斯城的一家報社去應聘一份差事。他把自己的作品給主編看過後，主編只是瞧了幾眼就不客氣地說：「不行，你一點也沒有繪畫的才能！」迪士尼只好垂頭喪氣地離開了。

　　過了很久，他才找到一份工作，工作內容是畫裝飾教會的背景畫。但是這份工作的薪水很微薄，根本無法讓他租一個工作室用來繪畫，所以，他只好將父親的車庫改裝成自己的工作室。

　　雖然他過了一段很辛苦、很艱難的日子，但是後來迪士尼回憶道，正是當時那充滿機油味的車庫鍛鍊了他堅韌的性格，激發了他的創作潛能，才創造出風靡全世界的米老鼠。

　　這位從前經常身無分文，最後卻成為一個大企業家的華德‧迪士尼，將所賺到的金錢又全部都投注到事業上。他說：「與其將賺到的錢存起來，不如製作

出更好的電影來回饋觀眾。他們是我能夠成功的最主要的動力。」

這種執著而高尚的精神難道不值得我們每個人的欽佩嗎？你想實現自己的理想嗎？你想收穫成功嗎？這不是一句廣告語，如果你的答案是肯定的，那麼請銘記邱吉爾的名言：「永遠，永遠，永遠不要放棄。」

堅韌的性格是強者最值得尊重的一種風範。他們明知不可為而為之，能夠在夾縫裡求生存，明知山有虎，偏向虎山行。「堅」是一種品質，即我們常說的堅不可摧。老子說：「兵強則滅，木強則折。」所以，只有「堅」是不行的，還得有「韌」，「韌」是頑強的意志力和忍耐力，只有堅和韌放在一起合成一個堅韌的性格。擁有這種性格的人是無敵的，他們做事專一，認定一個目標，永不放棄，不屈不撓，不達目的誓不甘休。

愛迪生是個天才，所有人都如此的形容他，可是這個天才也經歷了一次又一次的失敗。他的一生是傳奇的，他堅韌的性格，鍥而不舍的努力造就了他輝煌的事業。他一生擁有二千多項的發明，被世人稱為「發明大王」。

小時候的愛迪生對什麼事情都有著強烈的好奇心，總是想知道事情背後真正的原因，而且，凡事都喜歡自己動手去嘗試才肯甘休。但是，他所表現出來的好奇並不是一時的，他堅韌的性格決定了他做什麼都要做到底的行事作風，所以，在他發明電燈的過程中，即便是經受了三千多次的失敗，他仍然勇往直前，用堅韌的性格進行著自己的實驗，連新婚的妻子都因為他太專注於實

驗而被冷落，終於，愛迪生堅韌的性格造就了我們如此明亮的夜晚。

成功者與失敗者並沒有多大的區別，只不過是失敗者只走了九十九步，而成功者比失敗者多走了一步而已；失敗者跌倒的次數比成功多一次，而成功者站起來的次數比失敗者多了一次而已。當你走了一千步時，也有可能會遭遇到失敗，但有的時候，成功就躲藏在視線盡頭拐角的地方，你只有堅持下去，去拐那個彎，才能與成功不期而遇。

生活中，許多人在自己還沒有盡全力的情況下就對自己下了「我無法成功」的咒語。其實，在這個時候，他已經對自己的能力產生了懷疑，如果恰好這個時候再遭遇到一點點挫折，那麼他就會對自己失去所有的勇氣和自信，所以，那些失敗的人不是沒有能力，而是沒有堅持下去的良好性格而已。只有經得起風雨及種種考驗的人才是最後的勝利者，因此，不到最後的關頭千萬不要輕言放棄。要相信這句話：「成功者永不放棄，放棄者永不成功！」

那麼如何讓自己擁有堅韌的性格呢？

1.知道自己想要什麼。在生活中為自己建立一個必須實現的目標。有了目標的人生才是一個能夠成功的人生，只有擁有了目標才有繼續堅持下去的勇氣和動力，才會讓自己擁有堅韌的性格。

2.培養自己想要成功的欲望。這是一個最容易鍛鍊和獲得堅韌性格的方法。當擁有了一種欲望後，才能讓自己的性格得到鍛

鍊，能力得到提升。

3.相信自己。相信自己的能力，給自己足夠的自信。如果一個人連自己都不能相信，那麼還有誰肯相信他呢？只有真正地相信了自己，才會在遭遇到苦難和逆境時，絕不會服輸，繼續爬起來向前走，在失意的時候，也才有堅持下去的勇氣。

4.學會與人合作。不管是生活中還是在工作中，都要學會與人合作，畢竟現在是一個注重團隊精神的社會，只有了解了別人，適應了環境，才能在群體生活中，與人建立良好而融洽的關係，在自己需要的時候有人幫助，在自己困難時有人安慰。

5.經常進行體能鍛鍊。這是培養在困境中的堅韌和彈性的最好方法，在體育鍛鍊的過程中，能夠克服身體的疲憊，精神的惰性，才能完美駕馭生活的能力，強化堅韌的性格。

擁有堅韌的性格是打造強氣場的必要條件。它是你成功路上最完美的護身符，不論什麼困難和逆境，堅韌的性格都能讓你完美的避過，然後，迎接最美好的成功和明天。

二、寬容既是助人也是助己

一個人要想成就一番事業，不僅需要智慧、勇氣和堅定的意志，更需要和諧的人際關係。有些東西是可以自己努力去建立的，但是人際關係卻需要你用情感去建立和維持。有這樣一句形容人際關係的價值：「情」是生命的靈魂，太陽的光輝，音樂的

韻律，花草的芬芳，女人的美麗，生命的一切。

一位十六歲的少年去拜訪年長的智者。

少年問：「智者先生，我要怎樣才能變成一個不僅自己快樂，還能帶給別人快樂的人呢？」

智者送給少年四句話。

第一句話：把自己當成別人。在你感到痛苦憂傷的時候，就把自己當成是別人，這樣痛苦自然就能夠減輕了；當你欣喜若狂的時候，把自己當成別人，這樣狂喜的心情也會變得平和一些。

第二句話：把別人當成自己。當你把別人的不幸當成自己的時候，才能真正同情別人的不幸，理解別人的需要，在別人需要幫助的時候給予適當的幫助。

第三句話：把別人當成別人。世界上的每個人都有自己存在的理由，充分尊重每個人的獨立性，理解每個人的需要和存在，在任何情況下都不要侵犯他人的隱私和領域，這不僅是尊重，而是一種人性的閃光。

第四句話：把自己當成自己。因為你能夠愛別人，所以，更要愛自己，畢竟你能夠真正擁有自己，所以，真正懂得愛的人一定是一個愛自己的人。

這位年輕的少年很困惑地問智者：「這四句話有很多自相矛盾的地方，有很多想不通的地方，我要怎樣才能理解它們的含義呢？怎樣才能將它們相互結合

起來呢？」

　　智者回答說：「很簡單，用你一生的時間和智慧。」

　　少年沉默了很久，然後與智者告別。後來少年變成了中年人，又變成了老人。他終於悟出當年智者送給他的四句話。

　　這是愛人愛己的四種境界。作為一個智者，能夠帶給我們的不僅有智慧，還有快樂、誠實與信心，他不僅是一個善良的人，也是一個寬容的人，能夠像愛自己一樣原諒別人的錯誤，能夠像對待別人一樣讓自己努力上進。

　　寬容型的性格是在別人不小心觸犯到你時，你能夠微笑著說沒關係；寬容型的性格會讓你在與朋友有了爭吵後，還能想著明天要不要幫他買晚餐；寬容型性格是在自己擁有的同時，想著與別人分享；寬容型的性格是用對待自己的心去對待每一個人……

　　寬容忍讓，自古以來就是中華民族的傳統美德。孔子認為，一個真正成功的人，有包容、恭敬、誠信等等的美德，而在這些美德中，以包容為美德之首。為人處世的最高境界就是擁有容納一切的胸懷，寬容大度的人不會傷害別人，也不會讓自己受傷。

　　在現代社會中，凡是能成就大事業的人，都能時刻秉持著寬容的性格來對人對事，這在為自己帶來成功的基礎上，也同時擁有了和諧的人際關係，在困難的時候，需要幫助的時候，同樣也會收到來自他人的寬容、理解和幫助，從而使人生的路途變得更加順利。

一位婆婆對剛剛進門的新媳婦總是看不順眼，媳婦的一點小差錯都會讓她感到肝火大盛。她一會兒抱怨媳婦廚藝不精，一會兒又抱怨媳婦無心打理家務，而且常常加班到半夜才回家。她甚至連兒子的感冒發燒也算到媳婦頭上，認為是她沒有照顧好丈夫的身體。

　　有一天，一個老朋友來家裡做客，婆婆又開始埋怨媳婦的不是，指著陽台上的衣服說：「難道她的媽媽都不教她怎麼洗衣服嗎？衣服上都是斑斑點點的，還浪費了那麼多的水！」

　　這位朋友聽了她的話後，向陽台上仔細地瞧了一下，發現了問題的所在，原來不是媳婦的衣服洗得不乾淨，而是家裡的窗戶髒了。從此婆婆再也不戴著有色眼鏡看待媳婦了，兩人的相處也越來越好。

　　如果一個人的心不夠寬廣、心靈不夠純淨，那麼對待別人也不會寬容，以平和的姿態與他人建立關係，以寬容的態度與對方相處，這是一種人生的修養和境界，是每個人都需要做到的。

　　寬容性格的培養，主要在於把自己當作是一個平凡的人，知道能與他人相處是一種幸福的緣分，盡力的消除以自我為中心的心理傾向，只有這樣你才能和別人交換資訊和意見，增添你人生中的朋友和夥伴。付出了自己的寬容和愛，自然也會得到回報。

　　要培養自己的寬容型的性格首先要做到以下幾點：

1.避免不必要的矛盾和紛爭。 生活總是在一些小事中過去

的，所以，不要太在意生活中的小事，這樣不僅可以讓自己的心態樂觀一些，還可以讓人際關係更加的輕鬆和諧，如果你一點也不通情達理，製造矛盾、紛爭，甚至流血犧牲都是可能發生的。

　　2.以平和的心態待人。對一些別人注意不到的疏漏之處，要做到一笑置之，不加追究，那麼不久你就會忘掉這些讓你覺得煩惱的事情；如果你總是把他人的疏漏昭示天下，那你就會既惹得別人不高興，自己的心態也難以平和下來。

　　3.與人方便，與己方便。做到與人為善，那麼別人自然也會如此對你，在你做了錯事，或是需要幫助的時候，別人自然也就對你大開方便之門了。

　　總之，寬容別人，實際上你也得到了別人對你更多的寬容。當你具備了「海納百川，有容乃大」的寬容型性格時，你就擁有了無形的巨大氣場，巨大的親和力，你就可以平和的處世，寬容的待人，擁有更多的幸福，更大的成功，那時，你的人生也會變得海闊天空，與眾不同。

三、擁有快樂積極的氣場

　　快樂是什麼模樣？人們從來沒有停止探求答案的腳步，不論何時、何地，不分種族的人類都以自己獨特的方式尋找著快樂。當你擁有了快樂的性格，就變成了自己的主人。快樂是人類健康生存的必要因素，所以要努力培養自己快樂的性格，去創造人生

新的意義。

　　快樂就潛伏在我們每個人的內心深處，只是有時候，痛苦會矇住你的眼睛，讓你無法看清快樂的所在，仔細想一想：工作時，做好一件事情的喜悅之情；回到家裡，兒女繞膝的天倫之樂，與戀人相處的點點滴滴的甜蜜……一切的種種都有快樂摻雜在裡面。快樂是我們每個人的權利。

　　但是現在有很多的人都覺得自己不快樂，工作不順利、與朋友有矛盾、家庭不幸福……因為他們的心裡有很多的制約和枷鎖，所以他們的心情才無法快樂起來。只有當一個人突破一切煩惱的束縛，才能做快樂性格的主人。

　　生命是一個追求快樂的過程，快樂能讓生命變得溫暖，快樂可以驅走內心的孤寂，快樂能建立良好的人際關係，快樂還可以創造幸福。快樂型性格的人不會抱怨，他們會笑對人生，在跌倒的地方也能看到美麗的風景。

　　　有一次，一位鬢髮斑白的影壇老將應邀參加電視台的一個專題節目，只見老人拄著拐杖步履蹣跚地走上台來，很艱難地在台上就座。看著這樣一個被時間侵蝕的老人，讓人們很自然的為他的身體而擔心。所以主持人很關心地問道：「您的身體需要經常去看醫生嗎？」

　　　「是的，常去看。」老人微笑著回答。

　　　「為什麼呢？您的身體很不好嗎？」主持人很關心老人的健康。

「因為病人必須去看醫生，這樣醫生才能活下去。」台下的觀眾被老人睿智的發言逗笑了，台下爆發了熱烈的掌聲，為老人樂觀的精神和機智的話語喝采。

主持人接著問：「常去藥店買藥嗎？」

「是的，常去。因為藥店老闆也要活下去。」台下又是一陣掌聲和笑聲。

「你常吃藥嗎？」主持人問。

「不，我常把藥扔掉，因為我也要活下去。」仍然是掌聲。

主持人轉而問另一個問題：「夫人最近好嗎？」

「啊，還好，還是那個，沒有換。」台下的人哄然大笑。

其實，在這個故事裡，我們可以看到，令老人高興的無非是一些生活瑣事，照顧自己的身體，與妻子永遠在一起，令觀眾捧腹大笑的是老人話語裡的幽默，和他樂觀的精神，我想說的是，快樂有時候就是這麼簡單的事情。

一個人是否快樂，不在於他是否擁有很多的財富、很大的房子，而在於他是如何看待自己所擁有的一切。即便是一個百萬富翁，也可能因為家庭的不幸福而沒有快樂，即使擁有一個很大的房子，也可能因為沒有大家的分享而覺得空蕩蕩的。快樂的命運始終掌握在自己的手中，生活的快樂與否，是否擁有快樂的生活，就看你是否讓自己的性格定格在快樂的頻道裡。

快樂型的性格會讓我們的人生充滿快樂，讓我們能夠更加堅強的面對人生的所有困難，讓我們能離成功近一點，再近一點。

　　那麼，我們應該如何讓自己的性格變得快樂起來呢？應該怎樣做才能讓快樂永遠伴隨在我們身邊呢？

　　1.保持童心。孩子們之所以純真無邪，無憂無慮，就是因為他們的一顆童心。他們會因為一朵凋謝的花而哭泣，會因為別人漫不經心的誇獎而獨自興奮。因為他們容易滿足，所以，他們能更容易地在微不足道的小事中尋找到快樂。所以如果想擁有快樂的性格，就要記得時常保持一顆童心，不管你有多大的年紀。

　　2.不為小事煩惱。人生不過區區數十載，為了一些小事而煩惱，以至於浪費時間，浪費精力，而且還浪費生命，這是一種最可怕的損失。成功的人都知道，放棄小事帶來的煩惱才是人生最大的智慧。

　　3.學會放鬆。只有輕鬆的去應對每一天的生活和工作，才能永遠保持一種最佳的生活狀態。學會放鬆，才能讓我們的人生處處充滿陽光，處處充滿希望。學會放鬆，才能讓我們更加適應周圍的環境，讓我們更好的生活，更接近成功。

　　4. 簡單的生活。生活是一種智慧的較量，簡單卻是智慧中最高的人生哲學，生活就是由煩惱和快樂組成的雙味菜，為什麼我們不能在品嚐生活的同時，忘記煩惱，忘記憂慮，只是伴著簡單，快樂的進行下去呢？

　　5.學會知足者常樂。讓自己學會滿足，不要總是一味的索取，不要總是對自己的生活覺得不滿意，世上所有的事情都不可

能十全十美，只有讓自己能在九成美的生活中微笑著，就足夠了，只有這樣才能讓自己感到快樂，才能讓自己感到滿足，也才能活出一個真正的快樂的自己。

6.讓自己多點愛好。讓自己忙起來，讓自己的生活多一點可以娛樂、快樂的興趣和愛好，讓自己的業餘生活豐富起來，這是獲得快樂的最簡單的途徑，也是培養快樂性格的最有效的方式。

我們對快樂的性格有多少的了解呢？我們只是知道，當我們心情愉快的去做一件事情的時候，總是會事半功倍，更能激發我們創作的靈感；當我們帶著快樂而樂觀的心情去與朋友交談時，不僅朋友的心情好，自己的心情也會很好，並且大家的感情會更加的深厚起來。

所以，讓快樂的性格助你一臂之力吧！讓它把你變成這個世界上最快樂、最幸福、最成功的人，讓自己的性格越來越快樂，讓自己的氣場越來越強大，讓自己能更快速的接近成功。

四、積極社交拓展人生

「眾人拾柴火焰高」。一位文學家曾經說過：「蚊子一起衝鋒，大象也會被征服。」卡內基也曾經指出：一個人事業的成功，只有15％是由於他的專業技術和知識功底，另外的85％則需要依靠人際關係和處世技巧。他還很明確的指出：只有依靠各種技巧去認識更多的人，並讓這些人成為自己的朋友，成為自己成

功路上的合作夥伴，才是人生成功的關鍵。所以，如果你想使自己擁有良好的氣場，想要收穫完美的人生，就必須首先精心編織一張對自己有益的人際關係網。在這之前，所需要做的準備工作，就是培養自己成為一個社交型的性格，這樣才能拓展人際關係，建立一張人際關係網。

拓展自己的人際關係和社交圈子，不僅可以了解別人的優勢和長處，也可以更清楚的認識這個社會，捕捉到更多的資訊，增強自己與別人的競爭力；同時，也可以透過別人的眼光和語言來了解自己，透過別人的反應來更好的認識自己，然後發揮自己的長處，彌補自己的短處，逐漸讓自己成為一個具有完美的社交型性格的人。

社交，雖然只有兩個字，但是其中蘊含的學問和藝術卻有很多，社交是工作的需要，是生活的需要，更是人生的需要，千萬不要小看它的作用。尤其是在現在的社會裡，如果你不會社交，那麼你必然會遭到淘汰。

美國著名作家傑克·倫敦有一個很不幸且貧窮的童年，為了生活，他加入到淘金者的隊伍中，並且結識了很多的朋友。其中有一個叫威廉的中年人，他辛酸的生活經歷簡直可以寫成一部厚厚的書。

傑克小的時候就有一個作家夢，威廉的經歷更加堅定了傑克心中的目標——寫作，寫一部關於淘金者的生活的著作。在許多朋友的幫助下，傑克利用休息時間看書、學習。終於，根據威廉的真實的經歷和自

己所經歷的真實生活，他寫出了自己的處女座《給獵人》，緊接著又出版了自己的小說集《狼之子》。由於這些作品都是以淘金工人的辛酸生活為主題，因此贏得了廣大中下層人士的喜愛，傑克因此也成為當年最暢銷小說的作者。

但是，隨著成功和金錢的到來，傑克脫離了曾經艱苦的生活，也因此離開了那些與自己同甘共苦的朋友，離開了自己用來產生靈感的生活，離開了幫助自己的朋友和兄弟，他再也寫不出一部像樣的著作了。於是十五年後，處於精神崩潰、生活拮据中的傑克，用一把左輪手槍在自己的寓所裡結束了自己的一生。

可見朋友和交際對一個人有著怎樣大的影響，朋友不僅是生活路上一起奮鬥的幫手，更是一面讓你看清自己的鏡子，沒有了朋友，不會交際的人彷彿是一個生活在孤島上的人，孤寂和困苦會讓他完全喪失生活的勇氣。

所以，在這樣一個人際關係佔據主要位置的時代裡，究竟怎樣讓自己的性格變得社交型一些，朋友多一些呢？下面給大家一些建議和意見，能使得你的性格變成一個標準的社交型性格。

1.克服過分的尊貴心理：總是覺得自己過分尊貴的人，其實可能是怕別人發現自己的一些缺點，而後在心理上形成的一種自我保護。一旦發現有人知道自己的缺點，就會變得失望、自卑、甚至是自閉。所以，想擁有社交型性格首先要踰越自己心裡「尊

貴」的牆。

2.克服自卑的心理：讓自己的性格轉變為社交型性格必須戰勝自卑，因為自卑的人總是喜歡將自己鎖在一個自認為安全的地方，不和別人交流，也不和別人交往，這樣的人根本不可能培養出社交型的性格，只會做一個膽小鬼而已。

3.克服靦腆膽怯的心理：社交就意味著要與各種各樣的人打交道。所以，改變自己的性格成為社交型性格的首要任務，就是改變自己在與各種人物打交道的時候靦腆膽怯的心理，同樣，這也是大家在生活中最不可取的一種心理。

4.要有一顆寬容的心：人類最高的品格就是寬容。人無完人，每個人都有可能犯錯，你自己不是也一樣嗎？所以，不要緊盯著別人的錯誤和缺點不放，試著寬容別人，試著容忍別人與自己不同的想法和做事方法，只有這樣，在你犯錯的時候，別人才會寬容你，你才能收穫更多真心朋友。

5.要有向每個人學習的意識：有了這樣謙虛的意識，有一雙隨時能發現別人優點和長處的眼睛，才能讓自己有一種虛懷若谷的心境。謙虛是一種美德，能讓你從別人那裡學到很多自己不知道的東西，讓自己的能力得到更大程度的提升，讓朋友更喜歡自己。

6.讚美別人的時候要真誠：如果別人確實有讓你欣賞的地方，那麼大方一點，將心裡的讚美真誠的表現出來，只有學會讚美別人，才能從別人那裡得到更真誠的讚美，才能從對方的語氣中發現自己的優缺點，有助於改善自己的能力。

7.要有互惠雙贏的想法：「捨得，捨得，有捨才有得」。只

有先付出才會有收穫，只有你給別人一些利益和優惠，才會從別人那裡得到回報，如果你只想著不勞而獲，或者只是想要別人的給予，那麼你的朋友一定會越來越少。

8.**要懂得分享**：分享是建立一個牢固的人際關係網的最好方式，當你與別人分享的時候，自己也能更多的得到。把自己最好的東西拿出來分享有很多的好處：如果你所分享的東西對對方是有用的，那麼對方會感激你，然後在你需要他的幫助的時候會義不容辭；當你能夠與別人分享，那麼在別人看來，你是一個正直誠懇、願意付出的人，誰都願意與這樣的人交朋友。

社交型性格有這麼多的好處，那麼你還猶豫什麼呢？讓社交型性格成為你打造自身強大氣場的有力助手吧！讓它為你獲得成功做一個最好的推動劑吧！

五、善思助你以智取勝

思索，是改變貧窮、創造財富的力量；思索是改變命運、創造奇蹟的能源；思索，是改變愚昧、創造智慧的勇氣。一個成功的人生，就是理智的思索所創造的。一個人的氣場也會因為人的思維的改變，智慧的提升而發生改變。具有善思型性格的人，善於以智取勝，更善於擁有成功。

我們每天都要面對各種各樣的困惑，只有認真地思索、善於思索，我們才能打開通向真相和成功的大門；只有透過思考，才

能讓我們看到成功的希望；只有善於思考，才能讓智慧充滿我們的大腦；只有善於思索，才能讓我們的想法與時俱進、勇於創新，創新的想法讓我們的大腦永遠保持著年輕的狀態，讓我們的身體和靈魂也處於一種年輕的狀態，有利於事業的發展，生活的創造。

在中國古代，有一位很賢明的縣官。他不但為人正直，而且善於思索，是當地有名的聰明人，深受人民的愛戴和擁護。

有一天，有兩個婦女來到縣官的堂前。她們正在為了一個嬰兒爭得不可開交，都說自己是這個孩子的母親，可以代替他領取一大筆遺產，她們請求縣官為自己主持公道，將孩子判給自己。

這兩個婦女哭得十分悲傷，看起來都是一副很愛孩子的模樣。她們都爭著說對方有多麼殘忍，不讓她們母子團聚。嬰兒的每一聲啼哭，都讓她們看起來更傷心。縣官從沒有遇到過這樣難判的案子，一時間陷入到了困惑之中。他每天都思索著這個案子的來龍去脈，閉著眼睛，靠著椅子思考。有一天，他看到自己家裡的老僕人在洗衣服，由於正值冬天，水很冷，而老婦人洗的衣服很明顯不是自己的，縣官問道：「為什麼這麼冷的天氣妳還要洗衣服呢？」老婦人回答說：「我的兒子只有這一件衣服，我沒有能力買給他漂亮的衣服，至少也要讓他穿得乾淨些啊！做娘的就

只能做到這些了！」看著老婦人慈愛平靜的臉，縣官彷彿想到了什麼。

第二天，他傳喚兩個婦女上堂。聽完她們的哭訴後，一反常態的開始發怒：「既然妳們都說孩子是自己的，但是又沒有證據，讓我如此費神，倒不如讓妳們自己決定，來人，把孩子抱過來，妳們誰能搶到孩子，我就把孩子判給誰。」

兩個婦女看到孩子後，都想把孩子搶過來，於是都用了很大的力氣。孩子哪裡能經受住這樣的力氣，疼得哇哇大哭起來，其中一個婦女看到孩子在哭，手裡的力氣就小了下去，不久就把手放開了，而另一個婦女的手勁卻從來沒有放鬆過，最後還興沖沖地對著縣官說：「我搶到了，孩子歸我了吧！」而那一個鬆開手的婦女只是看著哭泣的孩子默默地流著眼淚。

縣官看到這樣的場景，吩咐手下把搶到孩子的婦女拿下，說：「大膽潑婦，如果這個孩子真的是妳的，妳會捨得如此對待嗎？只是為了財產就說假話，把她押下去。」然後對著那個哭泣的婦女說：「我知道做母親的都很疼愛自己的孩子，妳為了讓孩子不痛苦而甘願放棄財產，這才是真正的母親能做到的，現在帶著妳的孩子回家吧！」

堂下的百姓們都為縣官聰明的斷案方式鼓掌，大家都說，只有善於思索的縣官才能破了這樣的奇案，從此以後，縣官更加受到百姓的愛戴了。

人的一生都需要思索。失敗的時候，需要冷靜的思索失敗的原因；成功以後，需要理性地面對成功後的心境；遇到困境，需要用思索走過這些障礙；走在人生轉折的關鍵時刻，需要認真地思索前進的方向。總之，思索伴隨著每個人的一生。要培養自己善思型的性格，是有祕訣的，下面給大家幾條建議：

　　1.勤於思索：要養成一種思索的習慣，對於任何事情都進行思考，然後從中找出事情的發生和起因。沒有經過思考的話和沒有思考就做的事情時萬萬不可貿然去說、貿然去做。將勤於思考變成自己的習慣，就可以使人善於動腦，在潛移默化中形成一種屬於自己的善思型性格。

　　2.不間斷的思索：思索是一個連續的、不可間斷的思維過程，因此，在解決問題、面對事情時，要不斷地思索，對事情的起因，和別的事情所具有的關聯，問題中的每一個細節都要進行充分而不間斷的思考，這樣，我們的性格就會變得越來越縝密，越來越善於思考。

　　3.學會進行總結：思索是人的大腦對資訊進行篩選、過濾、運用的過程，思索的目的就是要得到資訊給自己帶來的用處。因此，我們要善於總結思索中所得到的結論，這樣的思索有了結果後，才是一個有意義的過程，而不是在做無用之功。

　　4.不斷地反省自己：「閒談莫論人非，靜坐常思己過。」思索時，最好能常常思索自己的一切，包括自己的錯誤，不斷的檢查自己的行為和思想，找到自己的缺點和不足，然後加以改正，

這是鞏固善思型性格的最好方法。

5.凡事多問為什麼：一個問題的解決方法，往往會有很多種，而且也會有不同的答案，而一個問題產生的原因也有很多的方面，所以，不要只滿足表面的答案，那樣會限制你的思維的發展。對一個問題要多問為什麼，追根究柢，挖掘出思索的潛力，讓自己善思型的性格變得更加的深刻。

善思型性格的人，會對每一件事情都有自己的想法和態度，會對世界有一種和別人不同的看法，更會用一種與眾不同的方式去創造奇蹟，擁有成功。那麼，你還猶豫什麼呢？讓自己的性格變成善思型的吧！這樣的性格會讓你變成一個氣場強大的成功巨人！

六、做果斷，敢於冒險的人

果斷是一種氣質，一種良好的氣場特徵。果斷是一種人生的意境，果斷的性格更是一種具有美麗性質的性格。果斷的人讓人感覺有一種希望感、明朗感、安全感，更能帶給人們許多成功的機會。優柔寡斷的人只會讓事情越來越糟。聽過這樣一句話：猶豫不決、優柔寡斷足以毀掉一個天才。即便你真的是一個具有某種天賦的天才，也需要培養果斷型的性格，不要讓自己做事猶豫不決，這樣的你將會成為一個最成功的天才。

第二次世界大戰期間，一艘美國驅逐艦停泊在一處偏僻的港灣。那是一個晴朗的夜晚，明亮的月亮在天空上閃爍著銀色的光芒，地面上萬籟俱寂。一名水兵正在執勤，巡視著軍艦，突然他停下了腳步，因為他看到一個烏黑的東西正在不遠處的水上慢慢地靠近。憑藉著經驗他知道，那很可能是一枚觸發式水雷，是敵人乘著漲潮發射過來的。

　　他以最快的速度通知了艦長，艦長馬上發出全艦戒備的信號，艦艇上所有的人都動了起來，因為大家知道，緊急事態已經來臨了。

　　大家都在努力的想辦法救艦艇走出這個困境，但是各種方法都行不通。這時，那名發現水雷的水兵大聲喊道：「把消防水管拿來。」大家不明白消防水管有什麼用，但是在這個緊急關頭，又沒有任何有效的方法，於是大家都行動了起來。那名水兵帶領全艦士兵向艦艇和水雷之間的海面上噴水，製造出一道水流，以期把水雷帶向遠方，果然，水雷慢慢飄遠了，然後用艦炮在遠處引爆了水雷。大家都在歡呼著自己逃過一劫的時候都知道，是那名水兵在關鍵時刻果斷的性格救了全艦士兵的命。

　　沒錯，果斷的性格有時候就是如此的重要，在工作中，果斷的性格會讓你的領導能力得到更大程度的發揮；生活中，果斷的性格也會讓你做起事情來游刃有餘。當然，果斷的性格也不是天

生就能擁有的，更多是靠後天的鍛鍊得到的，那麼，要怎樣才能讓我們的性格變得果斷？下面的幾種方法可能會給你一些幫助：

1.把握時機，學會決斷：每個成功的人都有一些相同點——在關鍵的時刻都能把握時機，總是對事情做出最果斷的判決。沒錯，只有把握好時機，才能讓自己站在距離成功最近的地方，只有對事情做出正確而果斷的決定，才能處理好事情，才能讓自己的性格變成果斷的性格，而不是錯誤的武斷的性格。

艾青說：「夢裡走了好多路，醒來時卻依然在床上。」是的，即使有再多的夢想，如果不去行動，不去把握，不去實現自己的目標，那麼又有什麼用呢？果斷的性格是決定事業成敗的重要因素。

2.善於獨立思考：不要總是被別人的意見所左右，只要自己認定了這件事，那麼就義無反顧的去做，全力以赴的去實施。當然，這並不是一意孤行，偶爾聽取別人的意見或許會對你的想法和成功有很大的幫助，但是在有些事情上的確需要「一意孤行」。比如：自己想要的生活，如果你只是走著父母為你鋪好的道路，從不思考自己是否喜歡，那你的人生還是自己的嗎？在這個時候，果斷的告訴他們，我要走我的路，我要為自己的人生負責，那時的你，才是一個真正的具有果斷性格的人。

3.抓住身邊的每一個機會：當有機會出現在你的眼前時，千萬不要猶豫，因為機會從來都是稍縱即逝的。倘若你一直猶豫不決，患得患失，就會錯失很多的成功良機。想要擁有果斷型的性格，就要在任何時候都保持清醒的頭腦，讓自己知道，機會對自

己有多麼的重要，然後抓住它，利用它，讓自己成為一個成功的
人。

4.要有勇氣為自己的選擇而負責：其實人生一直是一個選擇
形式的生活，人的一生都是一個不斷選擇的過程，對於改變自己
成為果斷型性格最關鍵的一點，就是要有勇氣承擔自己選擇的後
果。每一次的選擇都是有風險的，人不可能保證自己永遠正確，
即使你的選擇失敗了也不要氣餒，即便是你的選擇造成了一些損
失也不能逃避，要勇於對自己的選擇負責任，為自己的所作所為
負責任，這也是一種果斷性格的表現。

5.切忌瞻前顧後：果斷型的性格不會讓到手的機會白白溜
走，在關鍵的時候，他們善於把握機會，他們知道在應該下決心
的時候，一定不能拖拉，瞻前顧後，患得患失，否則失去的就不
僅僅只是機會那麼簡單，很可能就與一份成功、一個完美的人生
失之交臂。

6.做事情要謹慎：即便是果斷的性格，也要在下決定的時候
謹慎行事，不要輕率、冒失，要不然，不僅你的決定會傷害到其
他人，更會讓自己陷入到一種艱難的境地而不能自拔。果斷絕不
是輕率，果斷是已經做好種種假設和周密的思考後所做的正確的
決定，而輕率就是一種頭腦發熱的衝動性決定，分清兩者的區
別，就意味著你已經讓自己的性格變成了果斷型性格了。

果斷型性格的人會擁有一個成功而完美的人生，因為這是他
所具有的性格造成的這一切，他不會在害怕中度過自己的一生，
他也不會讓自己的一生在碌碌無為中消逝，他總是用最正確、最

果斷的性格和決定讓自己永遠處於成功的頂峰，所以，為了自己也能和他一樣的成功、完美，就讓自己的性格也做一些改變吧！變得像他一樣果斷而自信，然後變得像他一樣成功而受人羨慕！

七、獨立型性格讓你氣場強大

聽過這樣一句話：「人生啊！就是一個人的人生。」雖然在生活的過程中，朋友、親人和妻子的存在和幫助是不可少的，但是一個人的奮鬥過程，也是一個追求獨立的過程，包括生存獨立、經濟獨立、思想獨立、感情獨立、人格獨立、意志獨立等等。獨立是一個人氣場強大的重要表現。獨立是成就一個人的人生的基礎，養成了獨立的性格，我們就可以主宰自己的命運，做命運的主人。

著名的作家劉墉先生為了培養兒子的獨立性格，鍛鍊兒子獨立生存的能力，在孩子很小的時候，就把他送到一所離家很遠的寄宿學校，讓他自己做一些力所能及的事情，並且告訴他只有自己完全沒有辦法做到時，才能打電話回家求助。

動物界的母親對孩子的獨立型要求更是嚴苛，母豹在小豹長大之後，就將小豹領到懸崖上，然後將其往懸崖下推，牠是一個狠心的母親嗎？不是，牠只是在鍛鍊小豹依靠自己的能力，鍛鍊其獨立性，在這個過程中，小豹為了生存，只得牢牢地用剛剛發育的爪子抓住懸崖下的石頭，慢慢地往上爬，只有成功戰勝這個考驗，以後的小豹才能獨立地在險惡的自然環境下生存。

一個沒有經歷過磨難的生命，會擁有更多的遺憾。雖然一個人的一生中不可能一帆風順，總是在面對著各種各樣的挫折和困難，但是只要是一個具有獨立型性格的人，就是一個能夠打敗一切，走向成功的人。

　　獨立，就意味著離開家庭中親人的庇佑，離開對朋友的依賴，自己一個人獨立的去走自己的路。我們應該清楚自己才是命運的主人，只有自己才能真心的幫助自己到達成功的巔峰，到達成功的終點。鄭板橋說過：流自己的汗，吃自己的飯。這就是一種對於獨立最恰當的解釋。如果不依靠自己，誰都不能保證你的成功和人生。

　　明明從小就是一個獨立的孩子，當別的孩子還在父母的懷裡撒嬌時，小明明就已經能自己綁辮子了；當別的孩子牽著父母的手上學時，小明明已經可以自己收拾好書包跟父母揮手說再見了。

　　明明的父親是印尼大使館的政府工作人員，他時常告訴明明：「女孩子要學會獨立，不要總是想著依賴別人，同樣都有雙手雙腳，即使失敗了又怎麼樣，重新站起來就是最棒的！」

　　從小時候起，明明就是一個愛美的小女孩。她一直想自己開一家美容美髮學校。「想到就做，不靠別人靠自己」。這是明明一直以來的座右銘。十六歲的她一個人踏上了去香港的旅途，沒有父母在身邊，沒有一個朋友可以依靠，她的手裡只有父親親手寫的兩

個毛筆字——獨立。這就是她全部的經費。她先從做學徒開始，一點一滴努力學習老師的美容手法，住在陰暗的地下室，沒有可以交談的朋友……但是這些明明都克服了，因為她相信這些失敗的日子都是為她將來的成功做的鋪墊，因為她相信一個具有獨立性格的人什麼都可以做到。

五年後，明明的蒙妮坦美容美髮學校開張了，她說：「這只是一個開始。」明明要去印尼開辦她的分校，因為她看到了那裡的商機。就在明明躊躇滿志準備大展拳腳的時候，她在印尼的倉庫突然起了火，燒掉了她所有的庫存商品，她辛苦建立起來的公司也因為欠了銀行一大筆錢，而瀕臨倒閉……

第二天，她收到了父親的禮物，同樣的兩個毛筆字——獨立。明明帶著眼淚笑了。她重整旗鼓，在第二年還清了銀行的貸款，並成功地在印尼開辦了她的分校。

當有記者問起她的成功經驗時，她只是在紙上寫了兩個工工整整的毛筆字——獨立。

要怎樣才能培養我們的獨立型性格呢？其實很簡單：

1.決策自己的人生：你的人生是自己的，父母把你帶到這個世界後，你就已經是一個獨立的個體了，只有你自己才能完全擁有自己、把握自己、支配自己。為自己的人生做好規劃，不必去

問別人的意見和想法，自己想要的才是最重要的。

2.自己的事情自己做：不要只是一味想著依賴別人，有困難的時候就想著別人的幫助，是最不可取的，那樣的你會慢慢的什麼都不會，越來越缺乏目標感，變成一個只會依賴別人的傀儡，只有做好自己的事情，才能漸漸培養自己獨立型的性格。

3.不要忽略生活中的小事：生活中再小的事情都可以是一個改變人生的轉捩點，不要忽略它們，在做事情時認真努力地想清楚，這些小事帶給自己的究竟是什麼，究竟能幫助自己什麼。那些小事或許正是磨練你獨立型性格的東西。

4.任何時候都不要灰心喪氣：在任何時候都不要打退堂鼓，不要在挫折面前放棄，更不要給自己留下一條後路，覺得自己即使不成功也沒有關係，人生不能重來，只有一刻不停地向前，才能超越時間，超越自己，讓自己成為一個成功的獨立型的人。

5.經常激勵自己：不斷的做一些自我激勵，不在任何一個時候放棄自己。即便是失敗了，告訴自己還沒有結束，這只是暫時的考驗而已，從而讓自己能夠重新再出發，這樣既保護的了自己的夢想，也深刻的鞏固了自己的獨立型性格。

獨立型的性格是一種能帶領你走向成功的最重要的一種性格，為了你的成功，為了擁有一個完美的人生，為了讓自己的生活更加美好，你需要培養出一種獨立型的性格，需要改變自己使得自己的性格越來越獨立，只有當你真正獨立的面對自己的人生時，你才能真正的收穫屬於自己人生的幸福和成功。

八、積極行動，把握時機

　　幸運和成功從來都不會降臨在沒有行動的人身上，只有去行動，去做，去把握時機，才有可能獲得成功。培養積極行動的性格，對於打造自身強大氣場助益良多。

　　有兩個人去尋找上帝，想要請教上帝怎樣才能成為一個天使。於是上帝派他們到一座山裡去考察，並且約定十年後再見面的時候會給他們答案。

　　於是兩個人一起來到了山頂，卻詫異的發現，整座山竟然沒有一棵樹、一株草。兩個人的內心都很不滿意，暗自想著難道是上帝說錯了地方，這樣的山頂和自己成為天使有什麼關係呢？於是第一個人發了很多的牢騷後就憤然的離去了，他堅定的認為上帝弄錯了，於是再一次的尋找上帝。另一個想，這或許就是上帝給他的考驗，於是他去別的山上採摘了各種各樣的草籽和樹苗，把它們播種在了荒山上。

　　十年後，上帝找到了兩個人，詢問他們有關那座荒山的情況。「真想不到，世界上還有如此荒涼的山，一棵樹都沒有。而且這些年我一直在尋找您，您在哪裡呢？」第一個人除了抱怨就是問一些問題。

　　「十年前，它還是一座荒山，不過今天，我已經將它變成了一座青山。」另一個輕輕地說，他沒有問上帝有關於成為天使的問題。

第一個人很焦急地問：「怎麼會呢？荒山永遠只能是荒山啊！」

　　「那只是暫時性的而已，只要我們用實際行動去改造它，播下草籽，種上樹苗，它就會變成一座鬱鬱蔥蔥的青山。」第二個人淡淡地說，全身都沐浴在陽光下，彷彿天使的光環籠罩著他。

　　上帝欣慰的點點頭，對第二個人說：「你已經成為一個天使了。」

　　第一個人只有慚愧地低下頭。

　　其實，這就是行動的力量，只要我們腳踏實地，一步一個腳印的去創造，去改變，我們就可以收穫一座美麗、富饒的青山。行動是一個艱難的奮鬥過程，需要我們堅定地履行自己的義務，承擔自己的責任。成功自古以來都是源於行動，世界的一切都是行動所創造出來的果實。

　　當一個人具有行動型的性格，就意味著，他比別人擁有更高的起點，更快的發展速度，就意味著他比別人更接近成功。

　　世界著名的推銷大師，被譽為「推銷之神」的日本人——原一平，是一位有如神一樣的人物，他被美國《時代雜誌》譽為世界上最偉大的推銷員。有一個青年向他請教推銷的學問，他對青年人說：「答案就在這裡。」然後，他脫下了自己的鞋子和襪子，露出了自己的腳，青年人看到了以後，恍然大悟，果然以

後的日子裡，青年人也成為一個很成功的推銷員。原來原一平的腳底都是一些厚厚的老繭。原一平對所有人都說：「其實，推銷從來都沒有什麼祕訣，只要你肯走，只要你肯堅持不懈的行動，誰都可以成為成功的推銷員。」

所以，不要羨慕別人的成功。不妨想一下你自己是否已經開始為自己的夢想而行動，是否為實現自己的理想而在奮鬥，當你的答案是肯定的，那麼恭喜你，你已經具有一種行動型的性格了。如果答案是否定的也不要緊，就從這一刻起，遵照以下的幾點建議，讓自己的性格向著行動型性格轉變吧！

1.行動從擁有夢想開始：給自己的生活規劃出一些夢想，給自己的目標實現制訂任務。當一個人能夠給自己落實必須實現的任務，也學會了給別人落實任務時，就真正的擁有了前進方向。

給自己的行動規劃好方向，為自己的目標訂制好提綱，一步一步的去實現目標，一點一滴地從小的目標開始實現。雜亂無章的目標和生活，常常讓人覺得無從下手，這樣勢必會影響到工作效率，進而對自己的信心和意志造成打擊，所以規劃很重要。

2.看事物要徹底：要學會看事物的時候看清它的本質，而不是在膚淺的表面做文章。只有觸及到本質的行動才是有效的，才是能夠成功的，才可以讓自己的性格轉變成為行動型性格。

3.貴在執行：執行，是實現心中目標的一個過程，執行，是體味成功喜悅的一種方式。凡事只有規劃而不去執行，跟做一個

白日夢沒有任何分別，只有去執行了，才會逐步形成並鞏固自己的行動型性格。

4.用樂觀的態度面對一切：生活中有很多的麻煩事，也有很多的挫折和失敗，尤其是在行動的過程中，失敗和不順總是會充斥其中，但是既然已經是既定的事實，那麼就只有樂觀的去接受了，然後在微笑中繼續站起來往前走，這樣不是一個最好的選擇嗎？

5.學會選擇捷徑。「條條大路通羅馬」：並不是只有一條路才能通向成功，你的優勢也許與別人不同，你的行動有很大一部分是需要你選擇自己所要走的捷徑，選擇一條更快、更便捷的成功道路才能讓你的成功看起來更迅速、更耀眼。

6.細節可以影響一切：行動中，一定要注意細節的作用，千萬不要忽視細節。只有琢磨好細節，才能將璞玉琢磨得更光滑，讓自己的性格更完美。尤其是在行動中，在細節上的差錯可能會影響一個人整體性格的發展方向。

7.貴在堅持：凡事都要有始有終。失敗的原因固然很多，但是成功的原因卻只有一個，那就是：堅持不懈的行動，努力拚搏的韌勁。當一個人的性格變得既有韌勁又極具行動力，那麼還有什麼困難可以難倒他呢？

行動型的性格是每個想要成功的人都必備的最有用的性格之一，他不僅可以幫助人們實現自己的理想，也可以讓你在完全無助的情況下看到希望。擁有行動型性格的人總是善於把握出現在自己身邊的時機和機遇，然後積存自己所有的力量，一瞬間爆發

出自己的能力，一舉獲得成功！

PART4

第四章　心態對氣場的影響

一、有希望就能看見彩虹

在每個人的心靈最深處都會有希望，這種希望是陽光的，是純潔的，是美麗的。或許每個人心中的希望是不同的，但這些希望會不斷地發生變化，隨著你思想的改變而發生變化。我們的氣場也會因為這些美好的願望而昇華，變得強大。

曾經看過的一篇文章：《讓世界看到你》。這篇文章講述的是一個十二歲的少年因患眼疾而成了盲人，此後，他對生活失去了希望，卻又因為父親的一句話而使他成為世界著名的音樂大師的故事。

那位父親是這樣說的：「世界屬於每一個人，雖然你看不見眼前的世界，但是，你至少可以做一件事，那就是，讓這個世界看到你！」結果，那個少年真的做到了，他讓世界看到了自己，他是成功的！而他的成功，就是又一次對生活充滿希望的時候，他開始堅強地面對生活，所以他成功了！

由此可見，希望可以改變一切。其實，這個世界並不完美，只要你的心中懷有希望，相信成功的大門會向你打開！

有個女孩十分癡迷足球，在一次偶然的機會裡，她被父親送到了體育學校去學踢足球。

在學校裡，女孩並不是一個很出色的球員，因為她沒有接受過正式的訓練，踢球的動作、感覺都比不上先入校的隊友。因此，女孩上在場訓練時，常常被隊友們奚落，說她是門外漢，為此，女孩的情緒一度

很低落。

　　要知道， 每個隊員踢足球的目標就是進職業球隊。而就在女孩求學期間，職業球隊也經常去學校挑選後備球員，每次選人，女孩都賣力地踢球，然而等到終場哨響，女孩依舊沒有被選中，她的隊友已經有不少人陸續進了職業球隊，而沒被選中的隊員有的已經悄悄辦理了轉學。

　　一向認真刻苦訓練的她，不明白自己為什麼屢屢失敗，便去詢問一直對她讚賞有加的教練，而教練卻很委婉地說：「名額不夠，下一次就是妳。」天真的她似乎看到了希望，又樹立了信心，努力地繼續練習下去。

　　一年後，女孩還是沒有被選上，她這次真的失去了信心，不想再練下去，她認為自己雖然在球場上的表現不錯，但個子太矮，又是半路出家，再加上每次選人時，她都迫切希望被選中，因此上場後過度緊張，導致平時訓練的水準都無法發揮出來。她為自己在足球這條路上黯淡的前程感到迷茫，便打算離開學校。

　　這天，她沒有參加訓練，而是告訴教練：「看來我真的不適合踢足球，我想我還是好好讀書，考大學吧！」教練見女孩去意已決，默默地看著她，什麼也沒說。然而，第二天女孩竟然收到了職業球隊的錄取通知書。她激動不已，立刻就去球隊報到。事實證

明，她最喜歡的還是足球。

　　當女孩滿心歡喜地跑去找教練時，她發現教練跟她一樣充滿了喜悅，並說：「孩子，以前我總說下一次就是妳，其實那句話是在安慰妳，我只是不想說出你球藝還不精而打擊妳，我只是希望你一直努力下去！」這時，女孩終於明白了教練的苦心。

　　此後，女孩對自己充滿希望，充滿信心，很快便脫穎而出，終於入選為國家女子足球代表隊。

　　這個女孩在講述自己這段往事時，十分感慨地說：「一個人在人生低谷中徘徊，感覺自己支持不下去的時候，其實就是黎明前最黑暗的那一刻，只要心中充滿希望，再堅持一下，前面必定是一道亮麗的彩虹。」

　　生活中的我們是否也有同樣感慨呢？相信自己，只要是心中懷有希望的人，就定能成為一道亮麗的彩虹。

二、別讓壞情緒傷了你的氣場

　　情緒貫穿於我們每個人的一生。當我們在生活、學習、工作中，遇到各種壓力和遭受不幸的時候，情緒就會站出來，表現為：憂傷、憤怒、恐懼、悲哀等；當我們因為努力獲得事業成功，工作因出色受到表彰時，情緒也會跳出來，表現為：快樂、

興奮、開心等。人的情緒不同，氣場就不同，這些好的壞的情緒都會直接影響到我們的生活、學習、工作、健康，甚至是一生的幸福。

如果不善於控制情緒，就會使我們失去很多。生活中常見有許多人與人只因為一點小事就大動干戈，亂發脾氣，但事後又後悔莫及，內心很難平靜；還有的人在生活和工作中不是沒有機遇，而是他總擔心自己不行，或者得罪人，最後丟失很多成功的機會，這些都是不良情緒所導致的。

有個行銷公司，常常用這樣一句話來激勵自己的員工：「你不能改變天氣，但你可以改變你的表情。」

一天，有個推銷員去拜訪一個客戶，恰巧遇到這位客戶正在家裡生氣。所以對推銷員十分不友善，而且說話十分苛刻。這個推銷員眼看就要被惹怒了，但他還實強忍住自己的情緒，依然面帶微笑，對客戶誠懇地道歉「打擾了」，並告訴客戶：「謝謝你能夠接待我。」

推銷員走後，那個客戶立刻覺得自己的言行太過失禮，心裡很過意不去，便主動打了一個電話給那個推銷員，表示歉意，並同時下了幾份訂單。

由此可見，推銷員在被人憤怒對待的時候，選擇了控制自己的情緒，結果卻使他控制了別人的情緒，從而推銷成功。

所以說，一個要想取得成功的人，善於控制情緒是獲得成功

的必備要素。美國石油大王洛克菲勒，就深知這一點，曾經在法庭上，打敗了一位有名的律師，達到了自己的目的。

「請問洛克菲勒先生你是否收到我寄給你的一封信？」律師嚴肅地問道。

「哦，我已經收到。」洛克菲勒認真地回答。

「請問你回信了嗎？」

洛克菲勒依然面帶微笑，有條不紊地回答他：「沒回！」

隨後，律師又一一拿出了二十幾封信，詢問洛克菲勒，而洛克菲勒都以相同的表情，嘴角泛著笑意，用同樣幽默的語氣地給予相同的回答。

這時候，法官開始問道：「洛克菲勒你確定收到了嗎？」

洛克菲勒很鎮靜地回答法官：「是的，法官大人，我確定收到了。」

此刻，律師已經氣得面紅耳赤，大聲地問他：「那你為什麼不回信，難道你不認識我嗎？」

洛克菲勒依然是面帶微笑，並帶有諷刺的口吻答道：「我當然認識你呀！」這時候律師已經無法控制自己的情緒，暴跳如雷地不斷咒罵，而洛克菲勒卻絲毫沒有生氣的意思，好像在聽他講故事一樣，彷彿與自己一點關係也沒有。最後，法庭宣布洛克菲勒勝訴。因為該律師因情緒的失控讓自己亂了章法。

人生中，難免會遇到許多人際關係和事業上的不如意，但要解決這些問題不是靠你的亂發脾氣，而是需要你智慧的頭腦和耐心。因為一旦控制不好自己的情緒，就會讓自己陷入雜亂無章的境地，你的氣場將會被壞情緒撕得支離破碎，這樣就會讓人有機可乘，抓住你的要害，將你打倒。所以說，忍一時，風平浪靜，退一步，海闊天空。正所謂小不忍則亂大謀，對於一個準備成大事的人來說，一切應以目標為重，情緒是不在範圍內的。

三、別讓孤獨封閉了你的氣場

　　隨著時代的進步和發展，我們在激烈的競爭面前，機會越來越多，但我們的社會卻有一種疾病越來越普遍，那就是處於擁擠人群中的孤獨感。這種現狀，越在人口密集的大都市，有孤獨感的人越多，他們的孤獨感也越強，這些人不是陷入憂鬱或自閉，便是寄情寵物、沉溺於虛擬世界。

　　美國加州奧克蘭的密爾斯大學校長林‧懷特博士，在一次晚餐聚會裡，他發表了一段極為引人注意的演講，其中提到的便是這種現代人的孤獨感。「當今最流行的疾病是孤獨。」他說，「我們都是寂寞的一群。由於人口越來越增加，人們已匯集成一片汪洋大海，根本分不清誰是誰了；生活的壓力、激烈的競爭，使我們無暇、也害怕與別人交往，尤其是交心；……時代就像進入了另一個冰河時期一樣，使人冰冷不已。」

　　的確如此，寂寞與孤獨是人的一種痛苦，它讓人感到無助，

讓人內心變得冰冷、充滿恐懼。如果一個人長期處於這樣的心理狀態，那麼他的氣場就會越來越薄弱，這對於人生的發展極為不利。其實，生活在社會中的我們，只要願意，只要勇敢地走出去，是可以擺脫寂寞與孤獨，走向快樂與充實。

其實，孤獨來自於恐懼、來自於不自信、來自於過分的自我。如果我們克服了這幾點，向他人伸出友誼之手，那麼無論走到哪裡，我們都會培養出與人們之間的親密情誼，這情誼會像燃燒的油燈，以光亮溫暖我們的心。

我們都曾有過這樣的感覺，剛到一個陌生的城市，往往更易感到孤獨，其實我們是有很多事情可做的，比如，參加俱樂部或者別的團體活動，這可以增加認識人的機會；也可以選修一些有用的教育課程，不但可以提升自己，也可以結交同伴、收穫友誼。但是，假如我們只會默默一人在餐館裡吃飯，或在酒吧獨自喝悶酒，那就無怪乎得不到什麼情誼了。

生活是我們自己編織的，如果你想生活中充滿陽光和快樂，就讓自己走出寂寞孤獨，走出閉鎖的自我、好好點綴自己的生活，多去關注他人、關注社會，心中不是只有自我，這樣我們就不會感到孤獨寂寞了。

以下是讓你走出孤獨的幾種方法：

1.結交朋友，擺脫恐懼：融入人群中，與人交往、溝通，去結交新的朋友、去感受友情的溫暖，不要怕會受到別人的嘲笑。無論什麼時候，都要保持快樂的心情，把快樂傳染給被人，同別人分享，這樣，我們就能擺脫寂寞與孤寂，克服自憐自艾的狹

隘，快樂地生活每一天。

2.調整需求目標：寂寞與孤獨除了產生於恐懼和不自信，還因為人沒有志向和目標不切實際，所以才覺得很難達到自己的目標。因此要根據自己的實際情況，及時調整生活目標，投入精力去做一件自己喜歡的事，並能時時求上進，你的生活會變得充實，這樣一來，生活充實了，你就不會有孤獨寂寞感了。

3.求得他人的支持：當一個人失意或徘徊時，非常渴望有人安慰和同情。而要獲得他人的支持，你首先必須忘卻自我，多去關心他人，這樣你就不會感到空虛和寂寞了。

4.博覽群書：讀書是填補人心靈寂寞與孤獨的良方。讀書還能使人找到人生的樂趣。所謂「書中自有黃金屋，書中自有顏如玉」。如果你覺得自己很孤獨，想要從孤獨中解脫出來，那麼最好的辦法就是多讀書，這樣知識越豐富，人的生活也就越充實。

5.忘我地工作：工作是擺脫寂寞與孤獨極好的途徑。當一個人集中精力，全身心投入工作時，就會忘卻寂寞帶來的痛苦與煩惱，並從工作中看到自身的社會價值，會對人生充滿希望。工作可以說是醫治孤獨症的最好良藥。

6.轉移注意力：孤獨寂寞之所以能影響你，問題還在於你對它過分關注，所以不妨進行目標轉移，比如培養自己的業餘愛好，投入興趣，這樣能使心情平靜下來。當一個人有了新的樂趣之後，就會產生新的追求；有了新的追求就會逐漸完成生活內容的調整，很容易從寂寞與空虛狀態中解脫出來，獲得豐富多彩的生活。

7.進行戶外運動：體育活動能使人從不安或失意中穩定下

來。有個學生成績不好，所以很自卑。時間久了，他便性格內向，不愛與人交流，經常一個人獨來獨往。有一天，放學後，他獨自流連於校園裡，被一位體育老師看見後，就對他說：「我看你也沒什麼事情，不如我們打球吧！」說完老師把球扔給了他，並讓他馬上投籃。從此，這個學生喜歡上了籃球運動，也逐漸恢復了開朗的性格。

總之，人生的路很長，路途中難免會有孤獨寂寞，但是我們可以突破孤獨，千萬不要讓孤獨封閉了你的氣場，限制了你的人生。

四、試著說出「我很重要」

每個人在人生的路上都會遇到困境，只有敢於挑戰困境，才能克服困境走向成功。許多人無法走出困境，正是因為缺乏高喊：「我很重要」的勇氣。這種勇氣很重要，它是一種強大的氣場，可以讓我們面對苦難，向著成功勇往直前。

第二次世界大戰後，一場經濟危機的席捲而來，致使許多國家都受到了影響。尤其是日本的企業收益十分不樂觀，失業人數也最多。其中有個食品公司就面臨著倒閉的邊緣，為了能夠讓企業堅持存活下去，公司不得不採取裁員的制度。於是就決定從清潔工、

司機、沒有技術的倉管員開始裁員三十多名。

　　針對這三十多名的員工，總經理分別找他們進行了談話，並說明了公司裁員的目的。只聽見清潔工說：「我們這行很重要，如果沒有我們去打掃清潔，公司怎麼會有乾淨優美的工作環境，員工沒有良好的環境，又如何能全心投入工作中去？」司機也說：「我們也是重要的，如果沒有我們，公司生產出來的那麼多產品又怎麼能運往市場？」倉管員也不甘示弱地說：「我們也重要，戰爭剛剛過去，外面有許多饑餓的人們，如果沒有我們看管倉庫，生產出來的產品一定會被他們搶走或偷走。」

　　經理聽到他們每個人的話，想想都很有道理，前後仔細思考，覺得裁員並不見得能讓公司效益好轉，應該重新制訂新的管理策略。最後總經理讓人製作了一塊大匾，上面寫著：「我很重要」。這樣每天員工上班的時候，就能看見那四個醒目的大字：「我很重要！」不管是主管還是員工這讓他們覺得老闆對他們很看重，因此每個人工作起來都十分賣力。從而刺激了全體員工的積極性，經過大家同心協力，幾年後這家企業不但沒有倒閉，還成為日本有名的公司之一。

由此可見，在克服危機的旅途中，我們不僅會受到外界的壓力，而且還會受到自身的挑戰，如果能夠克服自身這個阻礙成功的敵人，就能化危機為烏有，走向平坦之路。

著名成功學家魏特利的朋友科林十分擅長處理面對危機困境的局面。他說：「前幾年，我憑藉自己的努力，使建築事業蒸蒸日上，並且購買了一艘帆船，還擁有了美滿的婚姻，可謂是一切應有盡有。」

　　「然而，令人想不到的是，就在那時，我的股票突然在市場崩盤，一瞬間所蓋的房子都積壓在手裡。因此我背負上了沉重的貸款利息，很快地我就將所有積蓄都花完了。更糟糕的是，在這個時候，妻子鬧著要和我離婚。」

　　「這讓我陷入了痛苦之中，看不到未來的希望，十分渺茫。於是我就駕船沿海岸從康乃狄克州南下佛羅里達州，最後到達紐澤西州海岸，接著我竟然轉向正東航行，直奔大海。突然，一個浪頭打過來，幸好我抓住了欄杆，才使自己沒掉入河裡。心想：『讓海水吞掉我是件多麼容易的事情啊？』就在這時又一個大浪過來，船開始下沉。我用盡所有的力氣開始往岸邊划，最後才到了岸邊。但這時我已經是兩隻腳浸在冰冷的海水裡，身體因為害怕而不停地顫抖，心想：『我這是怎麼了，我可真的不想死。』從那以後，我便特別珍惜自己的生命，告訴自己要好好活著，就必須振作起來，只有振作才能度過難關。」最終他振做了起來，生活也恢復了原來的美好。

看完這個故事，不知道那些正處於困境的人們是否有啟發

呢，是否有勇氣面對自己所處的困境給予新的挑戰呢？還是躺在克服危機的溫床上，等待命運的安排。我想多數人都會選擇前者。因為我們只有時時以自己為對手，戰勝自己，面對自己。這樣，才能使自己強大起來，永遠立於不敗之地。

五、勇於秀出你自己

美國的一位名叫伊萬斯美的科學家，為了「生物圈二號」實驗的成功，耗資進行了研究，將三十年的時間都用在這個實驗上。為了這項實驗，他幾乎走遍了全世界的所有原始生物聚集地，最終才找到了一個在他認為已經足夠製造出一個適宜人類生存的動植物圈。

對此，美國政府也給予了他大量的支持。在一開始，伊萬斯美教授在美國亞利桑納州用鋼筋水泥建造了一個足有十個足球場大、二十層樓高的實驗基地。實驗基地裡面模擬真實的自然生態體系，有空氣、水、土壤、各種動植物以及森林、湖泊、河流和微型海洋，甚至還有模擬的陽光。在他看來，這樣才是一個名副其實的「生物圈」，而裡面的人們也完全可以過著與真實的世界一樣自給自足的生活。

隨後，他的事情被人知曉後，幾十名男女志願者願意去嘗試這種生活，被送進了「生物圈二號」。他們在生物圈喝生態系統自然生成的水，呼吸植物釋放的氧氣，吃自己種出的糧食。看到這種情景，伊萬斯美教授十分自信。他認為生活在生物圈裡的志

願者就算是與世隔絕，他們的健康也會有保證。但是出乎他意料的是，八個月後，實驗被迫不得不結束，因為那裡的氧氣已經不能維持志願者的生命，雖然經過輸氧加以補救，但是二十五種小動物中，就有十九種滅絕，由於傳播花粉的昆蟲全部死亡，植物也停止了繁殖。

這個結果讓伊萬斯美教授十分不解，到底是什麼原因導致了「生物圈二號」實驗的失敗呢？於是他分析各種原因，繼續對實驗室進行全面研究。直到2003年，他才發現，「生物圈二號」的問題不是出在生物圈本身，而是出在混凝土牆壁上。土壤裡的細菌在分解土壤有機質的過程中耗費了大量氧氣，而它們釋放出的二氧化碳又被混凝土牆壁吸收，從而使模擬的生物圈全面崩潰。

最終，伊萬斯美教授歸結實驗的失敗的原因是：自己把注意力過分集中在能夠自給自足的生物圈本身，而沒有想到生物圈外面的各種因素。

由此可知，伊萬斯美教授所犯的是一個簡單的邏輯錯誤，但是在世界紛繁的各類表象下，這樣一個看似簡單的邏輯其實存在著很大的學問，並不是每個人都能看得出，想得明白。人生也是如此，不斷地在畫著一個又一個圈，包括社交圈、工作圈、親友圈……，這世間有許多人畫了不成功的圈，都是因為他們忽視了圈外。

生活中有許多事情也分圈裡圈外，它們是無形的，但又是真實存在的。比如各種官場圈、文化圈、娛樂圈、教育圈、朋友圈、婚姻圈等。生活在自己的圈子裡而無奈，羨慕圈外的天地，然而，圈外何嘗不是另一個圈。圈裡的人想衝出去，圈外的人想

衝進來。然後不顧一切地追隨它。

不同的人生階段，不同的人也都有自己理想的圈，比如《圍城》中講的婚姻圈。愛情的美好吸引很多人走進這個圈。但婚姻生活中的瑣碎平凡又讓部分人忍受不了，不願擔負對社會的重任，於是便想離開這個圈。總之，人活著都會有自己想要的圈，即使你想進入的那個「圈」，有時候拚命擠進去了，到頭來卻發現不是自己想要的，甚至還為此付出了沉重代價。

其實，圈內圈外如同世界萬物一樣是有著內在的聯繫的，而且有不同的階梯。用這樣的眼光來看別人如何對待自己，就會多一份理解，多一份寬容，多一份自得。

所以，我們要畫好一個圈，就要有「捨我其誰」的膽識和氣場，敢於秀出自己的人，終有一天會獲得成功。

六、做自己氣場的主人

人一旦陷入困境中，就非常希望能有一個人伸出援助之手，或許有人可以幫你一把，但是要知道那只是暫時的突圍，而想要真正擺脫自己的困境，只有你自己才能救自己，因為自己才是自己的救世主。

有一個商人，把自己全部的財產投資到一種生意上。可是由於市場的變化無常，他經營不當，最後將自己的全部財產都賠了進去。這時，妻子也從原來的

公司離職，而兒子又在念書，他處於絕境之中，對於自己的失敗以及造成的損失，一直在自我譴責而無法自拔。好多次，他都想一死了之，來逃避這種心靈的痛苦。

一次，他在書店中，看到了一本名叫《簡單生活》的書。這讓他迫切想知道自己應該如何做才能簡單起來。於是他帶著希望和重新振作的勇氣，決定找到這本書的作者，希望能得到他的指點和幫助。

當他找到這個作者，敘述了自己的經歷，那位作者便對他說：「我十分同情你的遭遇，也很能理解你此時的心情，但是事實上，我真的是無能為力，我一點忙都幫不上你。」

商人聽後，心裡更加沮喪極了，自言自語說道：「看來，我真的好不起來了，一點指望都沒有了。」

那位作者看到商人的樣子，沉思了片刻，說道：「雖然我無能為力，但有一個人可以讓你東山再起。」

商人立刻激動地握著作者的手說：「救人救到底吧！請你趕快帶我去認識他。」

作者站起身來，把他領到家裡的試衣鏡前，用手指著鏡子說：「就是他，鏡中的人就是我要介紹給你認識的那個人。在這個世界上，只有他才能讓你重新振作起來，只要你肯坐下來，徹底認識這個人，不然，你真的是無藥可救了。因為當你在沒有認清這個

人之前，對你自己或者這個世界來說，你都是個沒有任何價值的廢物。」

　　商人站在鏡子前，看著鏡子中這個滿臉鬍鬚，充滿憂鬱的臉，看著，看著，就哭了起來。

　　過了幾個月，當作者再見到這個商人的時候，幾乎沒有認出來。他真的煥然一新了，乾淨的臉上，充滿著笑容，步伐輕快，完全是一個成功者的姿態。他對作者說：「那天在你家，對著鏡子讓我找到了自信。如今我找到了一份收入不錯的工作，妻子也重新工作，薪水不錯，兒子也考上了大學，我想用不了多久，我就會東山再起。」他還很風趣的對作者說：「等到我再起的時候，我就去找你，並付給你一筆報酬，這是你應得的報酬。因為是你介紹我認識了我自己，使我對人生對自己充滿了信心，讓我振做了起來。」

　　從這個故事可知，作者在商人失意的時候，沒有給他講一堆複雜的人生道理，只是告訴他一個簡單的真理，無論我們陷入了哪種困境，能夠讓我們振作起來，重新恢復生活勇氣的，不是優秀的作者，也不是複雜的哲學家、心理學家，而是一個真實簡單的自己。

　　世界上根本就沒有什麼救世主，遇到任何事情的時候，只要你換一種思維，用新的眼光去看待生活，你就會發現，其實有些事情是很簡單的，完全可以戰勝它，重新來過。

七、良好氣場讓你保持年輕

對於年齡，人們都很在乎它，因為人們是在乎它背後的生命，在乎它帶給自己心理的舒適與滿足。人的生命必然會經歷老人階段，那時候生命走向衰退，而這種衰退是人所難以接受的，所以一般老人都想忘記自己的年齡，而青年人的生命則是正處於朝氣蓬勃的時候，所以人們都希望留住年齡，兒童的生命是走向希望的階段，這種希望讓人充滿力量，所以他們渴望自己快些長大。

有個寓言故事說：一天，地球上派了一個人到太空體驗生活。這個人來到太空後，就開始質問太空酋長：「為什麼你們能夠長命百歲，而我們地球人的壽命如此短暫，我們也要長命百歲。」太空酋長看到他的憤怒，很無奈，就帶他來到了天鵝星上，指著地上那些密密麻麻的有著白毛的生物讓他看，並對他說：「你看，這些生物在這裡已經存活了兩萬年，隨著時間的逝去，牠們人口的密度越來越高，也遠超過了極限，但只因這些貪婪的生物都想永遠擁有自己所得到的一切，沒有誰願意死去，所以我就把長生不老的祕方給了牠們。這樣一來，牠們誰都沒有死去，但是牠們卻活得十分痛苦。因為牠們知道自己永遠都不可能走向死亡，所以牠們失去了希望，又開始懷念起死亡存在的生活，然而牠們已經沒有權利去選擇死亡，甚

至連自殺都無法實現。此時，牠們又開始強烈地懇求我，給與牠們死亡的機會。」地球人聽後，又看到這樣令人恐怖的局面，就沒再說話，然後告別太空酋長，回去覆命了。從此，人類依然有壽限，每天都有生老病死。

年齡就如同一年的四季，人人都希望春光永駐，但是如果永遠都生活在春天裡，就根本沒有機會去欣賞到夏天的芬芳，品嚐到秋天的果實，感受到冬雪的美麗。這將會成為人生的遺憾。所以說，年齡多少並不重要，重要的是在有限的生命裡，能保持一顆永不衰老的心，這樣的人生才是美麗的。

在現實生活中，我們常會看到，同樣的年齡，有的人卻顯得十分蒼老，有的人卻比實際年齡還年輕。有位美容師就是如此。

美容師說話動聽、滿臉陽光，因此給學員們留下了深刻的印象。學員們都非常喜歡聽她講的課。一次，她提出了這樣一個問題：「同學們，你們有誰能猜出我的年齡有多少？」

有人說：「二十五歲。」有人猜：「將近三十歲。」

面對他們的答案，美容師都微笑著搖頭否認。最後，她說：「我只有十八歲零幾個月。」

立刻，室內一片驚叫，大家竊竊私語，都不相信這是真的。接著，美容師又說：「至於這零幾個月是

多少，請大家自己去想想。也許是一個月，也許是幾十個月，或者更多，但是，我的心情只有十八歲。」

說完，台下一陣大家報以熱烈的掌聲。

俗話說：「不怕人老，就怕心老。」擁有快樂的心情以及良好的氣場，不僅可以改造自己，而且也會感染別人，快樂的心情，能夠使人變得美麗、自信、優雅、年輕，更會從容地笑對人生。就像那位美容師一樣，永遠都保持十八歲的心情，所以她青春永駐。反之，一個人總是具有憂鬱、煩惱的心情，那麼，即使再昂貴的化妝品，也掩飾不住她滿臉的憂鬱；再高超的美容師，也無法舒展她緊鎖的眉頭。

所以說，雖然在年齡面前，人是無能為力的，但是我們卻可以永遠在心裡保持年輕的年齡。不會因為孩子的祈求而加快自己的腳步，更不會因為老人的感慨而放慢腳步。而是要活出自己，保持一顆永不衰老的心，世界才真正在你的年齡中掌握。

八、人貴有自知之明

俗話說：「人貴有自知之明」。古希臘時代的阿波羅神殿上也刻著這樣一句箴言——「認識你自己」。可見自我認識或自我意識能力是一種可貴的心理素質。

自我認識或自我意識，是指一個人對自己的存在、自己與他人和周圍事物的關係以及對自己行為諸方面的意識或認識。它包

含自我觀察、自我評價、自我體驗、自我控制等形式。而人的一生中，要做到自我意識，就必須根據自己的情況來確定，從而給自己明確的人生定位。生活中有許多成就顯著的人，就是因為他們有著正確的自我意識。

　　美國女影星霍利·杭特從小身材矮小，人們都叫她小矮人。但她有著明星的夢，最後憑藉自己的努力和優秀的演技進入了影視圈，但人們卻把她定位於短小精悍的女人。

　　這讓她十分不滿。因為竭力避免別人對她的這種評價，結果走了一段彎路。但在經紀人的指導下，她又憑著自己身材嬌小、個性鮮明、演技極富彈性的特點給自己做了重新的定位，出演了《鋼琴課》等影片，一舉奪得坎城電影節的「金棕櫚」大獎和奧斯卡金像獎獎。

　　要知道，自我意識的確立貴在自知。如果自己都不知道自己是個什麼樣的人，那麼只會給自己塑造一個糊塗的人生。因為自知，關係到一個人的事業成功，關係到一個人的個人修養，關係到一個人的家庭幸福，關係到你可以避免發生不該發生的錯誤。而一個人具有良好的修養，又意味著一個人對自身有自知之明和對他人有良好的感覺。「不卑不亢」、「進退得宜」這些是對人的良好修養的刻畫，都與一個人自知的程度有關。

　　所以說，能夠正確認識自己並不是件容易的事情。為了達到

比較客觀地認識自己的目的，應盡可能地把自我評價與別人對自己的評價相比較，在實際生活中反覆衡量。

在生活中，我們常會遇到這樣一些人，他們身上有些缺點總是十分讓人厭惡：他們愛挑剔、喜爭執，小心眼、好忌妒，懦弱、猥瑣，浮躁、粗暴……這些缺點不但不能維繫良好的人際關係，還會影響到他的事業。

因此說，我們須深刻認識到自己自身的缺點，並努力克服。下面將為你提出兩點建議，希望你能夠從中受到啟發。

首先，要認識自我離不開專心的聆聽。聆聽引導我們走向善良、安全、愉悅。聆聽的方式有多種，我們可以用耳朵蒐集來自於其他生命個體的資訊。此外，我們還必須勇敢地面對他人，聆聽別人的意見，別人的談話，這不僅能夠使我們從中吸取經驗，還能從中更清晰認識自己。

此外，要自我省察。這需要我們要對自己的行為審視與反思，以改變和克服自身缺陷，達到心理上的健康。另外，自我省察還包括對自己的優點和潛能的重新發現。因為每個人潛藏著巨大的潛能，都有自己獨特的個性和長處，只要能夠做到常常自省，就能發揮自己的優點，透過不懈的努力去爭取成功。

總之，你自己就是一座金礦，看清了自己，你就能夠找到人生中最寶貴的財富。從而在人生中展現出應有的風采。正所謂人們所說：勇士稱號不僅屬於手執長矛、所向無敵的人，而且屬於敢於用鋒利的解剖刀解剖自己、改造自己，使自己得到昇華和超越的人。換句話說，你可能渺小而平庸，也可能美好而傑出，這最主要取決於你是否能夠反省，充分地認識自己。

九、從改變自己氣場開始

如果你想改變你的世界，首先就要改變你自己，改變你的氣場，改變你的心態。因為只要你時刻準備好與困難做鬥爭，在困難面前不氣餒，不沮喪，堅強地做到底，就一定能夠克服困難，讓世界因為你而改變。

生活中，有些人遇到了失敗，就將這一切歸咎於是因為環境不好，是外界的影響。好像要想使他們成功，只有世界改變了，他們才可以有機會。可見，這是一種多麼不實際的想法。

有個企業家依靠挖礦石起家。他用所賺的錢辦了一個企業，還聘請了一個學行銷的研究生做銷售經理。這個銷售經理很健談，談起行銷滔滔不絕，可是每年都無法完成任務。老闆一問他為什麼沒完成，他總能說出一套理論，把老闆說得一頭霧水。老闆是個很實在的人，知道他不對，但又不知道如何反駁。

為此，老闆派人去做諮詢，順便和那位銷售經理談了談。兩人一見面，相互寒暄後，諮詢師就問他：「張經理，聽說你是學行銷的研究生，談理論我自歎不如。但有點我不是很明白，你為什麼每次都無法完成銷售任務呢？」

只聽到他脫口就說：「在這裡啊！事情不好做。在美國就不一樣了。」

「美國怎麼了？」諮詢師問道。

「你看美國經濟多發達，人的修養素質也高，而且政府、市場都開放，經濟多活躍，總統知識淵博，懂經濟。要是在美國，我們一定能成功。反觀我們這裡，人民文化素質低，也不講信用，所以在這裡很難打開市場的。」

「那好，我給你建議，可以馬上解決問題。」

「呀！你怎麼解決？」

「最好的辦法就是馬上把公司搬到美國。」

「你這不是開玩笑嗎！公司怎麼可能搬到美國？所有員工都在這裡，怎麼可能？簡直是天方夜譚。」

「張經理，你也知道是天方夜譚啊。那還有第二個辦法，不搬到美國也行，你今天認識了我，我又會辦企業又會做行銷，你讓我當世界貿易組織的主席，我給你三個承諾：第一，每年給你撥款幾千萬美元；第二，我保證讓所有世貿組織成員國都用你的產品；第三，只要有人來你這兒做銷售，我給他每月5000美元的底薪，你認為如何？但前提是你先讓我當世貿組織的主席哦。」

「這怎麼可能？我哪有那麼大的權力！」

「既然你知道不可能，那你還談這些不可能改變的理由做甚麼？老闆讓你當銷售經理不是讓你改變這些東西的，是讓你來做出業績的。」

張經理滿臉通紅，一時無語。

事實就是如此，環境有時候會導致我們做事情很棘手，如果是一條平坦的路，就會成功到達。然而有幾個人能擁有這樣一帆風順的環境呢？即使有人因環境影響，而獲得了成功，但是他的成功又有多少真正屬於他？要知道，只有靠自己去控制環境，改變環境，進而獲得成功的人才稱得上是強者。雖然我們無法改變環境，但只要在自己可以掌控的範圍內把事情做到最佳，那麼我們同樣是強者。

或許有人會問，那麼，他們要怎樣改變這種情形呢？其實，答案很簡單，從改變自己、承擔責任開始。

十、讓生命化蛹為蝶

居里夫人曾說「弱者坐待良機，強者製造良機。」仔細推敲這十二個字，會讓我們從中感悟到：它是在提醒我們，要做生命中的強者，就必須克服重重困難，經受各種考驗，因為強者是在困難中去創造機會的，而懦弱者只會等待天上掉餡餅。

明飛龍的《讓生命化蛹成蝶》向我們闡述了這樣一個故事：

有個小孩長相十分醜陋，而且說話還結巴。因為一場疾病導致他的左臉局部麻痺，嘴角畸形，講話時嘴巴總是歪向一邊，此外，他還有一隻耳朵聽不見。為此，他的母親十分痛苦。心想：「本來應該是個活潑可愛的孩子，但是卻在出生沒幾個月的日子裡，改

變了他的一生。從此他將開始受到不幸的命運折磨，他的生活該是多麼糟糕啊！」但是，作為母親卻沒有能力改變這一切，除了給他更多的母愛外，不知道還能為他做些什麼。

令母親想不到的是，這孩子似乎天生就是個生活的強者。當他和小夥伴們玩耍時，很多玩伴都會因此嘲笑他、辱罵他，但是他卻從來都不因為自己的外貌醜陋而哭泣，他懂得更加堅強和奮發向上。每當其他孩子都在玩具中打發時間的時候，他則是拿著一本書津津有味地讀著，而且他讀的都是一些成年人的書籍，遇到不會的字或不懂的詞語，他就查字典。就這樣，從書中他學會了什麼是堅強，這讓他對自己的未來更加充滿信心，所以他時刻保持一種樂觀的心態。

一天，他從書上，看到有位演說家，是含著石子講話的，而且演講得十分成功。這讓他備受鼓舞。於是他也學著書中的演說家含著石子講話。結果嘴巴和舌頭都被石子給磨破了，出了很多血。母親看到這一情景，一把摟過他，流下了心疼的淚。並說：「我的好兒子，不要練了，媽媽養你一輩子。」但懂事的他用手擦乾媽媽臉上的淚水，像個大人似的說道：「媽媽，書上說了，每一隻漂亮的蝴蝶，都是自己衝破束縛牠的繭之後才變成的，如果別人把繭剪開一道口，這種沒有經歷過蛻變的痛苦所變成的蝴蝶是不美麗的。所以，我也要做一隻美麗的蝴蝶。」

媽媽看到孩子說出這麼富有哲理的話，對他充滿了信心，鼓勵他說：「媽媽相信你一定會成為世界上最美麗的蝴蝶。」

　　後來，他堅持鍛鍊，終於可以說出一口流利的話。從此他對學習也更加勤奮和上進，中學畢業時，不僅取得了優異成績，還贏得了良好的人緣，他周圍的人再也沒有人會嘲笑他，有的只是對他的敬佩和尊重。這個時候，他的母親決定為他找到一份好工作，希望兒子能夠從此過得順利些，但是他卻拒絕了媽媽的好意。對媽媽說：「媽媽，我要做一隻美麗的蝴蝶。」

　　1993年10月，全國總理大選。這時候的他已經是位博學多才的人。他決定參加這次選舉。他的對手居心叵測地利用電視廣告誇張他臉部的缺陷，然後還做了個廣告詞：「你要這樣的人來當你的總理嗎？」要知道，這種極不道德的、帶有人格侮辱的攻擊招致大部分選民的憤怒和譴責。

　　但是當他的成長經歷被人們知道後，贏得了許多人的同情和尊敬。尤其是他在選舉中說的那句競選口號：「我要帶領國家和人民成為一隻美麗的蝴蝶」，使他高票當選為總理。並在1997年再次獲勝，連任總理。從此，他的「我要成為一隻美麗的蝴蝶」也成為名言被人們廣為傳誦，人們親切地稱他是「蝴蝶總理」。他就是加拿大第一位連任兩屆跨世紀的總理

尚‧克雷蒂安。

生活中的確有許多無奈，有些事情是我們無法改變的，比如人相貌美醜、人生活的富貴與貧窮、人的不同遭遇。這些都是我們生命中無法迴避的「繭」。而每個人的生命之「蛹」，都束縛在「繭」中，如果不選擇破繭成蝶，那麼等待的只能是默默死亡。所以，我們對生活要有信心，有勇氣，有熱愛之情，這種來自內心良好的因素會使得我們具備良好而強大的氣場，來幫助我們穿破命運之繭，變成美麗的蝴蝶。

總之，只要你用來自內心不滅的信心和對理想的追求化成破蛹為蝶的生命之力。那麼那些背負著人生苦難的重荷依然執著前行，堅持不懈，一直堅持到最後的人，一定會走得最遠最好。

PART5
第五章　習慣對氣場的影響

一、好習慣帶來強氣場

好習慣是人一生非常重要的籌碼，倘若因為壞習慣的存在而使自己的信用破產，就等於典當了自己的人格、敗壞了自己的氣場。

一個人的習慣會影響到他的品格，並影響其日後的發展。有些人原來品格優良，但後來因為沾染了一種惡習，使自己的氣場發生了改變，結果再也沒有出頭之日。這些人一開始並不注意自己的習慣，覺得那些只是暫時的小事。但是，久而久之，這樣的人便會因為一些惡習而被他人所排擠。

這個時候，他很可能會懊悔起來，但是，再懊悔又有什麼用呢？如果一個人能憑著自己的良好品行，讓他人心裡暗自佩服他、認同他、信任他，那麼這個人就等於擁有了成功的優勢。

但是，真正懂得如何獲取別人信任的人少之又少。大多數的人都在無意之中為自己邁向成功的路上設置了一些阻礙，比如有些人態度不好，有些人缺乏機智，有些人則不善待人接物，這些不良的習慣常常使一些有意和他深交的人感到失望。

一個有志成功的人，為了自己的前途，無論如何都不會受那些不足為奇的小毛病誘惑，他們在任何誘惑面前都會以堅定決心守住自己。他能自我克制：不飲酒、不參與賭博、不弄虛作假。

一個人若想贏得他人的信任，一定要下極大的決心，花費大量的時間，不斷努力改掉這些壞習慣。如果仔細分析一個人失敗的原因，就可知道大多數人都會存在著種種不良習慣。

在生活和工作中，一個人想要獲得他人的信任，就必須實實

在在地做出成績，證明自己的確是判斷敏銳、才學過人、富於實幹的人。必須注意自我的修養，善於自我克制，努力做到誠懇認真，建立起良好的信譽。

要獲得他人的信任，除了要有正直誠實的品格外，還要有敏捷、正確的做事習慣。要做到隨時設法糾正自己的缺點，做到忠實可靠，做到言必信，與人交往時必須誠實無欺。即使是一個外在條件良好的人，如果做事優柔寡斷，頭腦不清，缺乏敏捷的手腕和果斷的決策能力，那麼他的信用仍然維持不住。

大家都知道，在許多銀行貸款時，銀行信貸員在每貸出一筆款項之前，都會對申請人的信用狀況做一番深入地調查：對方公司的營運狀況是否穩定，企業法人的個性是沉穩內斂還是好大喜功，這些都認定是確實可靠，他們才會貸出款項。而有些人，雖然外在條件良好，但品行不好、不值得人信任，銀行是絕不會貸給他一分錢的。

任何人都應該懂得：「人格就是一生最重要的資本。」一個想成就大事的人，都需要守住這種最寶貴的資本——良好的習慣。習慣所展現出來的人格中自覺的、穩定的行為方式和特徵，就是組成人格特質的重要基礎。所以，習慣就是人格特質的重要表徵之一。

人格與習慣緊密相關，這是自古以來很多學者的觀點，明代被稱為「前七子」之一的王廷相就認為「凡人之性成於習」，明末清初傑出的思想家王夫之也提出「習成而性與成」。因此，很多學者研究人格時，都會直接利用習慣作為基礎概念對人格的內涵來進行界定。

「人格」是一個很學術的名詞，而實際上，人格是我們在日常生活中經常感受到的現象。就像一個人給大家的印象是樂觀自信，不怕失敗，活躍而有創造力，人們就會說他：「這個人具有健康的人格。」相反地，如果一個人缺乏安全感，常常自卑，或是常常主動攻擊他人，人們就會說他：「這個人很可能有人格障礙。」

　　什麼是人格？簡單地說，就是每個人的行為、心理的一些特徵，這些特徵的總和就是人格。人格的形成是先天的遺傳因素和後天的環境、教育因素相互作用的結果。美國神經病學家E.H.埃里克就指出：「人在生長過程中，都會有一種注意外界的需要，並與外界相互作用，而個人的健全人格正是在與環境的相互作用中形成的。」

　　習慣是在長期的生活和工作中逐漸養成的，所以習慣一旦養成就不容易改變，也很容易變為自覺的需要了。因此，可以說習慣是人在一定的情境中所形成、相對穩定的一種行為方式，是一個人人格素質的外現。

　　譬如，一個人在吃飯之前有洗手的習慣，這就是生活方面基本衛生習慣的體現；一個人敬老愛幼、遵守交通規則，這就是遵守社會公德性習慣的體現；還有些人，在思考問題的時候總是要在房間內來回地走動才會有思路，而有些人則喜歡一個人閉上眼睛默默地思考才更有效率，這些都是每個人所特有的一些習慣外現。

　　習慣總是表現在一個人的行為之中，而且是比較穩定和自覺。所以，從一個人的習慣就可以看出這個人的人格是否健康，

因為這個人所持有的人格表現都已經展現在他的習慣之中了。

習慣與氣場的關係是相輔相成的。習慣會影響氣場，氣場也會影響習慣。很多人都沒有注意到，越是細小的事情，越容易給人留下深刻的印象。氣場就是力量。

二、成功必須選擇正確的習慣

人生的光彩在哪裡？說起來其實很簡單，就是擁有一個好習慣。

有一次，一個人去應聘工作時，隨手將走廊上的紙屑撿起來，放進了垃圾桶。他的舉動恰好被路過的面試主管看到了，因此他得到了這份工作。所以，想獲得賞識其實很簡單，養成好習慣就可以了。

好的習慣形成能力，好的習慣更帶出效率，良好的習慣就是成功的捷徑。人類都會受到習慣的約束，一旦養成了好的習慣，就會終身受益。正如美國著名哲學家羅素說的那樣：人生的幸福就在於良好習慣的養成。

一個成功的人曉得如何培養好的習慣來代替壞的習慣，當好的習慣累積多了，自然就會有一個好的人生。

伯德是NBA的一代傳奇人物，是美國歷史上最傑出的籃球明星之一，他的成功就得益於具有的堅韌不拔的好習慣。在當時，其實伯德並不是最具運動天賦

的球員，然而正是天賦有限的伯德率領波士頓凱爾特人隊三次登上了美國NBA總冠軍的領獎台，當之無愧地成為美國歷史上最偉大的運動員之一。

對於伯德來講，既然天賦有限，那麼他的這一切又是如何得到的呢？或許你已經猜到了答案，是的，正是由於他擁有了良好的習慣。在他加入NBA之前的少年時代，伯德每天早晨都會練習500次的三分投籃，練完之後，他才會再去上學。因為他知道，只要有了這種習慣，不論天賦有多少，都有可能成為一個好的三分球射手。所以，在伯德的整個職業生涯中正是由於這些好習慣，才使他發揮出了所有的運動潛能，成為一代NBA名將。

習慣是一個人獨立於社會的基礎，它在最主要決定了人的工作效率和生活品質，並進而影響人一生的成功和幸福。因此，養成好的習慣也是人生邁向成功的第一步。

好習慣能成就一個人，同樣，壞習慣也能毀掉一個人。只有保留好的習慣，改變壞的習慣，才可以讓我們享受到更多的自由和自在。所以，我們一定要記住：好習慣成就好命運，好習慣越多，離成功的天堂就會越近。

古代印度佛教經典《藥師懺卷・下卷》中曾有一段這樣的話：「生死茫茫，慣之性為生，慣之性成真，慣之性塑佛，慣之性逆勢。然生死之茫茫，唯慣與性永生，如佛，如菩提，如萬世之至論。」雖然語言有幾分偏激，但我們卻可以從中強烈地感受到聖僧們對習慣的看重，以至於成了「萬世之至論」。

柏拉圖曾告誡過一個遊蕩者：「人是習慣的奴隸。」英國詩

人德萊敦也曾說：「首先我們養成習慣，隨後習慣養成了我們。」同樣，古代以色列國王所羅門也說過：「世間萬物，由性而始，由性而生，由性而定，由性而成。」這兒的「性」，指的就是長期擁有的一系列的習慣。由此我們可以看出：擁有好習慣的確能夠改變我們的人生。

　　1988年，有75位諾貝爾獎的獲得者正在巴黎聚會。在會議期間，有人問一位諾貝爾獎獲得者：「您在哪所大學、哪個實驗室學到了您認為最重要的東西呢？」

　　「是在幼稚園。」

　　「您在幼稚園學到了些什麼？」

　　「把自己的東西分一半給其他小朋友們；不是自己的東西不要拿；東西要放整齊；吃飯前要洗手；做錯了事情要表示歉意；午飯後要休息；要仔細觀察周圍的大自然。從根本上說，我學到的全部東西就是這些。」

　　這段對話是耐人深思的。從幼稚園學到的東西，直到老年時還記憶猶新，可見所留下的印象是非常深刻的。並且，也充分地說明了從小養成的習慣會追隨人的一生。

　　在日常生活和工作當中，每個人都有自己的行為習慣，有些習慣雖然不像犯罪具有那麼明顯的破壞性，但它卻會阻礙我們的生活和事業的成功。蘇聯著名教育家烏申斯基曾說：「良好的習

慣就是人在其神經中所存放的『道德資本』，這個資本會不斷地增值，一個人就會畢生享用它的利息。壞習慣則是道德上無法償清的債務，這種債務能夠用不斷增長的利息去折磨人，使他最好的創舉失敗，並使他達到道德破產的地步。」

好習慣是人們走向成功的鑰匙，壞的習慣就是通向失敗的大門。壞習慣會使你失去「幸運」，會使你對機遇視而不見，會阻礙你開發自己的潛能，會使你拒絕新生事物，壞習慣就是一個人身上藏不住的缺點。所以，人一定要戒除壞習慣，培養好習慣。

好習慣可以塑造你的強大氣場，好習慣是成功的前提，好習慣越多，你離成功的天堂就會越近。

三、卓越不是單一的舉動，而是習慣

成功學大師拿破崙‧希爾曾說過：「成功與失敗都源於你所養成的習慣。」由此可見，習慣在人的一生中發揮著巨大的作用。

卓越是一種習慣，懦弱也是一種習慣。卓越者與懦弱者最大的不同就在於，卓越者會主動去提升自身，而懦弱者卻會想盡辦法地去掩蓋欠缺；卓越者在任何困難險阻面前都不會低頭、不言放棄，而懦弱在困難面前卻只會想到自己會遭受多少苦；卓越的人會在工作完結之後及時總結不足、差距、尋求更佳解決方案，懦弱的人會在失敗之後尋找更多的藉口和托詞；卓越的人會在人生的舞台上譜寫最輝煌、最絢麗的篇章，懦弱的人只會成為別人

引以為戒的典故和警示。

習慣是一種慣性，也是一種能量的儲蓄，只有養成了良好的習慣，才能發揮出巨大的潛能。因此，在每一次成功的奇蹟背後，你總會發現有一種卓越的習慣在發揮作用。只要你靜下心來，努力去做，排除心中的雜音，你就會聽見它就在不遠處的前方呼喚著你。

人人都會受到習慣的約束，所以一旦養成了好習慣就會終身受益，一旦養成了壞習慣就會終身受害。

有個漁人有著一流的捕魚技術，被人們尊稱為「漁王」。然而「漁王」年老的時候非常苦惱，因為他的三個兒子的漁技都很平庸。

於是，這個漁人經常向別人訴說心中的苦惱：「我真不明白，我捕魚的技術這麼好，我的兒子們為什麼這麼差？我從他們懂事起就傳授捕魚技術給他們，從最基本的東西教起，告訴他們怎樣織網最容易捕捉到魚，怎樣划船最不會驚動魚，怎樣下網最容易請魚入甕。他們長大了，我又教他們怎樣識潮汐，辨魚汛……凡是我長年辛辛苦苦得出來的經驗，我都毫無保留地傳授給了他們，但他們的捕魚技術竟然比不上技術比我差的漁民的兒子！」

一位路人聽了他的訴說後，問他：「你一直親自地教他們嗎？」

「是的，為了讓他們得到一流的捕魚技術，我教

得很仔細、很耐心。」漁人滿懷自信的答道。

「他們一直跟隨著你嗎？」路人又問他。

「是的，為了讓他們少走彎路，我一直讓他們跟著我學。」

路人說：「這樣說來，你的錯誤就很明顯了。你只傳授給了他們技術，卻沒傳授給他們教訓，對於才能來說，沒有教訓與沒有經驗一樣，都不能使人成大器！」

這段對話告訴我們，其實命運往往掌握在自己的手中。並不是生活眷顧了那些善於行動的人，而是那些善於行動的人選擇了生活。他們有目的地選擇生活，他們不會隨遇而安。就如亞里斯多德說的那樣：「人的行為總是一再重複。因此，卓越不是單一的舉動，而是習慣。」

在世界上，班傑明‧富蘭克林一直是全世界公認的偉人。他不僅發明了避雷針，參與了美國獨立戰爭，還寫出了「自由、平等、博愛」的名言，是美國《獨立宣言》的主要起草人之一，同時又是作家、畫家、哲學家，並自修了法文、西班牙文、義大利文、拉丁文。因此，富蘭克林也在眾多的領域有著傑出的貢獻，受到世人的敬仰。

七十九歲高齡時，富蘭克林想起自己一生的成就，就用了整整十五頁紙敘述了自己年輕時曾進行過的特殊修煉，他認為自己的一切成功與幸福都受益於此。年輕時的富蘭克林也並不十分成功，但卻渴望成功。經過研究，他發現成功的關鍵在於完善的人

格。

之後，他經過精心歸納，認為完善的人格應包括以下十三個原則：節制、寡言、秩序、果斷、節儉、勤奮、誠懇、公正、適度、清潔、鎮靜、貞潔、謙遜。他還發現，如果僅僅知道這十三項原則還不可能會使自己成功，只有經過刻苦的修煉，把這十三項原則變成自己的十三種習慣，這才屬於自己。否則，那還是別人的，是書本上的。

知道了這一點，他認真地為自己準備了一個本子，每一頁上都打了許多格子，目的就是為自己的行動做下紀錄，以便檢視自己的行動。他當時非常清楚，一段時間只專注於一項修煉，才是最有效的。否則，會適得其反。所以，他頭一個星期只專注於「節制」，每天檢查自己為人處世是否「節制」，並在本子上做上記號。

一個星期後，由於天天專注於自己是否「節制」，他驚喜地發現，「節制」已經逐漸在他身上生根了。嚐到了甜頭，在第二個星期又開始專注於第二項——「寡言」，並對第一項「節制」復習加強；第三個星期又專注於第三項——「秩序」，再對第一項、第二項復習進行加強。就這樣，到了十三個星期後，他竟然發現自己的舉手投足、為人處世、待人接物發生了根本性的變化。

之後，年輕、認真、又有毅力的富蘭克林生怕這十三個星期還不足以使那十三項原則完全變成自己的習慣，在一年內他又進行了三次十三個星期的重複修煉。一年以後，富蘭克林真的完全變了，這種變化已經融入了他的血液，滲入了他的靈魂，浸透到

他的每一個細胞，因此，他的成功也變得順理成章了。

　　想要控制命運，改變自己預設的結果，就必須凡事深思熟慮並培養好的習慣。成功人士之所以能達成夢想，就是由於他們培養了千金難買的好習慣。若你也想達到相同的成果，就應該努力培養各種良好的習慣。

　　習慣問題專家周士淵說：「目標就像織女，是你所追求的漂亮東西，而習慣則像是牛郎，很勤懇、踏實，目標和習慣加起來就是『天仙配』。」

　　周士淵在解釋這一對「天仙配」時說道：「有了目標，你一定要為這個目標設定一些習慣，等習慣養成了，離目標的實現也就不遠了。而有了好的習慣，你也就可以為這個習慣找一個目標，使自己更有成就感了。當然，這裡說的目標一定要切實可行，習慣也要數字化。因為習慣是抽象的東西，只有量化後才好執行，比如每天跑步半小時等。」

　　「習慣就像燒開水一樣，」周士淵說，「燒燒停停水永遠不會開，剛熱了又涼了，只有一股勁將它燒到100℃，你就成功了。所以，習慣要『五動』，即啟動、恆動、自動、永動和樂動。」

　　習慣是一個人獨立於社會的基礎，它決定了人的工作效率和生活品質，並進而影響人一生的成功和幸福。養成卓越的習慣對於打造自身強大氣場發揮非常重要的作用，也是人生邁向成功的第一步。

四、惡習是最具破壞性的力量

習慣就如同錢財，可以讓我們做好事，也可以讓我們造惡業。

看看我們自己，看看我們周圍，看看芸芸眾生。古往今來，多少人因為自己的壞習慣含恨終生，又有多少人因為自己的壞習慣找不到人生的幸福。三國時的周瑜，縱使英雄氣概，終究逃不過器量狹小惡習的懲罰，三氣不過，一命歸西。

好習慣可以造就你的輝煌人生，而壞習慣則會毀掉人一生的美好生活！

面對壞習慣，也許你毫無知覺，但它確確實實地已經與你如影隨形；也許你已經覺察，但它卻像孫悟空的緊箍咒一樣使你欲罷不能。因為壞習慣的存在，你可能失去了你最摯愛的戀人；因為壞習慣的存在，你可能與幸福失之交臂。也許，你正在苦苦思索到底是什麼因素造成了失敗的人生？其實，就是你的壞習慣。

有一家國外企業正在招聘人員，他們對學歷、外語、身高、相貌的要求都很高，而且薪資也特別高，所以有很多高學歷的人前來應聘。

一些應聘者過五關斬六將，終於到了最後一關：總經理面試。在他們看來，這一切已經成功在望了，認為這一關其實已經很簡單，只不過是看看人而已，十拿九穩了。然而，令他們沒想到的是，恰恰就是這一關的面試出問題了。

一見面，總經理說：「很抱歉，年輕人，我有點急事，要出去十分鐘，你們能不能等我？」

年輕人說：「沒問題，您去吧！我們等您。」

老闆走了，年輕人一個個躊躇滿志，得意非凡，閒不住，圍著老闆的辦公桌東看西看，他們看到桌子上有文件，也有資料。於是，年輕人這個拿一份，那個拿一份地看了起來。而且，看完了還互相交換著看：「哎喲，這個好看！」

十分鐘後，總經理回來了，說：「面試已經結束。」

「沒有啊？我們還在等您啊！」年輕人有點丈二和尚摸不著頭腦地說。

老闆說：「我不在的這一段時間，你們的表現就是面試。很遺憾，你們沒有一個人被錄取。因為，本公司從來不錄取那些亂翻別人東西的人。」

啊！這些年輕人一個個面面相覷，捶胸頓足。

這就是壞習慣造成的結果——未在得到別人允許的情況，是不能亂翻別人東西的。

壞習慣已成為人生的一個隱形殺手，它猶如污濁的空氣，殘留農藥的食品，正在慢慢侵蝕著你的人生。不論你是身居高位還是地位卑微，不論你是腰纏萬貫還是不名一文，不論你是年歲已長還是乳臭未乾，不論你是謙謙紳士還是窈窕淑女，不論你從事哪種職業，只要你呼吸大自然的空氣，只要你食用五穀雜糧，你

就有可能受到壞習慣的困擾。

一個想成功的人，必須知道習慣的力量是相當大的。他也必須了解，要養成好的習慣，必須一直努力地去做，同時要警惕那些可能會破壞他好習慣的惡習，還要趕緊養成對自己的追求有幫助的好習慣。如果你沒有做偉大事業的知識，你也沒有經驗，而且你還經常處於一種無知的狀態，甚至還曾經墮入過自憐的深淵。那麼，你又怎麼能夠獲得成功呢？

有一個關於一隻住在孤島上的蠍子的寓言故事：

在一個小島上，有一隻蠍子用它的毒刺螫死了島上其他的小動物，為了爭奪島上豐富的蜘蛛和昆蟲作為食物，牠也殺死了所有的競爭對手。但是，有隻青蛙為了享受島上大量的蚊子和小蟲，每隔幾天就從大陸那邊渡海而來。並且，牠能輕易地躲閃蠍子的威脅。

蠍子在殺光了所有同類之後，感到非常寂寞。所以，有一天，牠慢慢靠近青蛙說：「青蛙先生，我不會游泳，而且我也覺得很寂寞。如果我能找到大陸，那這個美麗的島就是你的了。你願意讓我騎在你背上渡過這個海峽嗎？」

蠍子提出的條件的確相當誘人，青蛙猶豫了一會兒便回答說：「我可沒那麼笨。你把島上的其他動物都殺光了，怎麼可能會不螫我呢？」

蠍子答道：「可是青蛙先生，我不會螫你啊，如

果我蜇你的話，我自己也會淹死的。」

青蛙覺得牠說得很有道理，便欣然同意了。

青蛙跳入水中，然後讓蠍子爬上牠的背。可是，當牠們游到海峽中間時，青蛙忽然覺得背上一陣刺痛，青蛙知道這是毒液在慢慢滲入牠的身體。瀕死之際，青蛙回頭對蠍子說：「我倆都快要死了，為什麼你明知自己不會游泳還要蜇我？」

蠍子回答：「我是蠍子，蜇人是我的天性呀！」

習慣是人最主要、最穩定的素質，任何一種能力都是養成好習慣的結果。在《培根論人生》一書中，這位偉大的思想家深刻地指出：「人們的行動多半取決於習慣。一切天性和諾言都不如習慣有力，即使是人們發誓、打包票，都沒有多大作用。」

習慣決定著一個人生活的各方面，決定著一個人究竟能成為什麼樣的人。養成好的習慣，你會一輩子享用不盡；養成了壞習慣，你就會有一輩子償還不完的債務。

習慣的影響無處不在，習慣的巨大力量時時刻刻都在影響著生活。習慣一旦養成，就會成為支配人的一種力量，主宰人的一生。如果你是某方面的千里馬，就不要抱怨伯樂不常有，而應該經常檢查自己在言行上的不良習慣。現在，你就應該來檢查一下自己是否存以下這些惡習：

——你是否經常遲到？

你上班或開會經常遲到嗎？遲到就是造成老闆和同事反感你

的禍根，它所傳達出的訊息就是：你是一個只考慮自己，缺乏合作精神的人。

—— 你是否有愛拖延的毛病？

社會心理學專家說：很多愛拖延的人都很害怕冒險和出錯，對失敗的恐懼使他們無從下手。雖然你最終完成了工作，但拖延總會使你顯得不勝任。為什麼會產生延誤呢？如果是因為缺少興趣，你就應該考慮一下你的職業是否適合自己；如果是因為過度追求盡善盡美，這毫無疑問會增多你在工作中的延誤。

—— 你是否喜歡怨天尤人？

一個想要成功的人在遇到挫折時，應該冷靜地對待自己所面臨的問題，分析失敗的原因，進而找到解決問題的方法。如果你喜歡怨天尤人，無疑你已經給自己貼上了失敗者的標籤，因為怨天尤人是所有失敗者共有的特徵。

—— 你是否喜歡傳播流言？

每個人都可能會被別人評論，也會去評論他人，但如果津津樂道的是關於某人的流言蜚語，這種議論最好停止。世上沒有不透風的牆，你今天傳播的流言，早晚會被當事人知道，又何必去搬石頭砸自己的腳？所以，流言止於智者。

—— 你是否對人經常傲慢無禮？

傲慢無禮並不能使你顯得高人一等，相反地，你這樣做反而會引起別人更多的反感。因為，任何人都不會容忍別人瞧不起自己。所以，傲慢無禮的人是難以交到朋友的。沒有了人脈，你又怎麼能輕易地取得成功，又怎麼能有廣闊的財脈。

五、只有改變，才能進步

習慣並不深奧，而且常常會顯得很簡單，比如按時作息、遵守規則等等。

習慣就是自然而然的事，所謂自然，就是不假思索的、不用思想去控制的行為，這就是習慣的一個最重要的特點。如果你做一件事情還需要專門的思考和意志的努力，就證明你的這種習慣還沒有真正的養成。

習慣並不是先天遺傳的，而是在後天的環境中逐漸培養出來的，是一種條件反射。所以，有的習慣是很自然的、不用費什麼功夫就能形成的，有的則需要長期的、反覆的訓練。

人只要經常做一件事就會形成習慣，形成一種氣場。所以，人有能力養成一種習慣，一種氣場。那麼，既然有能力養成一個習慣，也必定有能力改掉一個習慣。在美國就有一個說法，說是「養成一個習慣只需要21天」。可見，改變一個習慣並不難，只要你能堅持21天就可以了。當然，這也應該是因人而異的。

先養成習慣，然後習慣才會左右我們。這件事看起來簡單，但做起來有時也不是那麼容易。因為，如果你對不良習慣聽之任之，那麼你的預定目標就會永遠是可望不可及的事情。所以，在培養一種新習慣之前，你應把力量和熱忱注入你的感情之中，對你所想的結果要有深刻的感受。

一開始，你要盡可能地使這個習慣變得清晰而有目標，設定了明顯的目標點，在下一次你想朝這個目標走時才會變得容易起來。當然，在過程中你也要把所有的注意力都集中在新目標上，

這樣你才不會再走到舊路上去，慢慢地你就會忘記舊路，而只記得新開闢的道路了。

此外，你一定要有抗拒舊習慣誘惑的能力，對舊習慣每抵抗一次，你就會增加了一份堅強，再一次堅定新目標，也就向新習慣靠近了一步。相反地，如果你每向舊習慣的誘惑屈服一次，你就會少了一份毅力，以後也會更加難以抗拒這種誘惑，所以你要學會堅強和堅持。

再者，人往往也會因為個性而影響習慣，所以不論你的個性是強還是弱，都應該在堅持原則的同時學會傾聽他人的意見，並調整自己思路和做法，只要能夠「見賢思齊」改正自己的不良習慣，那麼你就能離預定目標越來越近。若一味地固執己見、聽不得他人不同的意見，那麼預定目標就會很難實現了。

簡單的事情貴在堅持。其實，任何事做起來一點都不難，難就難在堅持上。所以，從最簡單的事情做起，並把最簡單的事情堅持做好了就是不簡單，容易的事認真做成了就是不容易。

舉個例子，如果你開始改用左手刷牙，假設你之前都習慣用右手刷，但是你堅持連續21天的時間都用左手。最後，你會發現，你已經可以自然而然地用左手刷牙了，一點都不會覺得彆扭。所以，對於任何事情，開始的幾天可能會比較不習慣，但你只要克服過來就沒事了。

改變習慣的過程就像嬰兒一樣，一開始，嬰兒很難接受新世界，他會因為不願離開那狹小但熟悉的空間而號啕大哭，但自然的力量把他推到了這個世界。而一旦來到這個新的環境，他發現自己脫離了黑暗，見到了光明，從那陰暗而狹窄的空間來到了寬

廣而快樂的世界。他呼吸著新鮮的空氣，開始感謝上蒼把他從之前狹小的空間帶到了自由的世界。

改變習慣也是這樣，當你的「好習慣」成為習慣之後，一切的規律也都將改變，這個時候你也會因為擁有好習慣而興奮，從而就可以自然而然地維持你的好習慣了。

從前，有一個剛開始工作的年輕人，做事總是虎頭蛇尾、三分鐘熱度，並一直改不了，後來他終於下定決心改掉了這個壞習慣。他說：「我終於體會到了蛻變的痛苦和樂趣，如果沒有堅持成功的信念，可能早就放棄了，現在我打敗了這個『奴役』，我會從中終身受益的。」

優秀的人其實和我們都一樣，只不過他們更加善於總結和提升自己的工作，而且最關鍵的是，當他們發現了自己的不足之處時，就會毫不猶豫的著手尋求改進方法並付諸實踐。

改變日常的小習慣帶來的成果是顯而易見的，改變了壞習慣，你就不會再拖遝，你的行動就會變得有條理，你的工作就會更有效率。漸漸地，你會發現你的閒暇時光會因為習慣的改變而多了起來，你會有更多的時間去做更多自己喜歡的事情。

多一個好習慣，人生就會多一次成功的機遇；多一個好習慣，心中就會多一分自信；多一個好習慣，生命裡就會多一種享受美好生活的能力。我們要成功，就一定要堅定地改掉壞習慣，只有改變了，我們才會進步，才會成功！當你擺脫了一些看似正

確的壞習慣，你就會更精力充沛地面對每一天，走好每一步。

六、反省自己是提升氣場的關鍵

指責別人已經成為很多人的習慣，能夠反省自己卻比登天還難。所以，人人都犯過錯誤，但很少有人能反省自己。

古希臘時代，一對夫婦因偷盜而被綁在廣場上，人們萬分憤怒，指責與謾罵的聲音像海浪一樣，一浪高過一浪。甚至，有人竟提議用石塊將這對玷污人類道義的夫婦砸死，並取得了一致認可。正當他們準備用石塊砸向這對夫婦時，耶穌恰好路過廣場。面對此景，他想了想便對憤怒的群眾說：「好吧！那麼就讓我們當中從來沒有犯過錯誤的人扔第一塊石頭。」結果群眾全都啞然了。

每一個人都有著自己的侷限性。只有認清自己的侷限性，做事才能夠量力而行，才能獲得成功。如果一個人太過自負，認為自己無所不能，那麼他只會是自欺欺人，最終只會給別人留下笑柄。所以，在生活中，只有不斷地自我反省，才可以令自己的氣場逐步提升，不斷地進步和成熟，從而立於不敗之地。

在一塊石頭下面，有一群螞蟻。其中有一隻力量

非常大的螞蟻，牠的力量大到甚至是史無前例的，牠可以非常輕鬆地背起兩顆稻粒。如果論勇氣的話，牠的勇氣也是空前絕後的，牠會像老虎鉗一樣一口咬住青蟲，而且還敢單槍匹馬地與蟑螂作戰。因此，牠在蟻穴裡名聲大起，成為眾多螞蟻談論和仰望的對象。

在以後的日子裡，牠每天都陶醉於那些讚揚的話語裡。甚至有一天牠想到要去城市裡大顯身手，讓城市人也見識見識牠這個大力士。於是，牠爬上最大的賣柴車，大模大樣地坐在了車夫的身旁，像個君主一樣地進城去了。

然而，滿懷希望的大力士螞蟻萬萬沒有想到這一次進城卻碰了一鼻子灰，牠想像著人們會雲集而來仰慕這位大力士。可是不然，城裡的每個人都在忙自己的事情，根本就沒有人去理會牠。於是大力士螞蟻找到一片草葉，在地上把草葉拖啊拖的，牠敏捷地翻筋斗，飛快地跳躍，可是沒有人注意，更沒有人來看。

於是，當牠賣力地耍完了「十八般武藝」之後，只能抱怨道：「城裡人太盲目太糊塗了，難道是我自以為是嗎？我表演了各種武藝，就沒有人給予真正的重視，如果你來到我們蟻穴裡就會知道，我在蟻穴裡可是聲名顯赫的。」

回到家裡後，大力士螞蟻經過一夜的反省，終於變得有些聰明了。

其實，現實生活中，一些人不正像這隻大力士螞蟻嗎？因為耍了一些小聰明，就自以為名揚天下，幡然醒悟時，才發現自己的名聲不過侷限於蟻穴的生活而已。

當今社會是一個飛速變化的時代，要想更好地生存和發展，就要不斷地調整自己；而要調整自己，就要有自我反省的習慣。人都不可能十全十美，每一個人都會有個性上的缺陷、智慧上的不足，因此人也常會說錯話、做錯事、得罪人，這就需要知道反省自己。

在人生的道路上，成功並不像人們想像的那樣一帆風順，若想在這條路上少犯錯誤，就需要不停地反省自己，培養自省意識，在自己身上找原因，這樣才能不斷改進，才不會迷失發展的方向，從而得到最後的成功。

三毛曾說過：「一個肯於虛心吸收觀察一切，經常反省、審察自己缺點和優點的人，在追求智慧上，就會比那些不懂得自省和觀察的人來得快速多了。」

能夠時時審視自己的人，通常都很少犯錯，因為他們會時時考慮：我到底有多少力量？我能做多少事？我該做什麼？我的缺點在哪裡？為什麼失敗了或成功了？這樣做就能輕而易舉地找出自己的優點和缺點，為以後的行動打下基礎。

對於任何剛開始經營事業的商人來說，最有價值的習慣就是在做出決定之前，都能好好地回顧一下自己的推理。這種最後的檢查，也許只需要幾分鐘，甚至幾秒鐘，但是收穫卻很大的，它可以讓人有一個機會來整理自己的思路，回想自己為什麼會做出這樣的決定。這就像是世界上那些非常有名的演員，他們在每次

登台演出之前，雖然已經對自己扮演的角色很熟悉了，卻還是要合上劇本，在心裡迅速地把自己的角色重溫一遍。

當然，能夠正確地認識自己，其實也是一件極不容易的事情。要不然，古人怎麼會有「人貴有自知之明」、「好說己長便是短，目知己短便是長」之類的古訓呢？

學會「反省」，就是要反過身來省察自己，檢討自己的言行，看清自己犯了哪些錯誤，是否還有需要改進的地方。自省心強的人都非常了解自己的優劣，因為他時時都會仔細檢視自己。這種檢視也可稱為「自我觀照」，其實質就是跳出自己的本身之外，從外在重新觀看審察自己的所作所為是否最佳，因此這樣做就可以真切地了解自己。

在你身上，有什麼是值得你反省的呢？有沒有那種「只知責人，不知責己」的劣性習慣呢？在與人的交往中，你有沒有做過什麼對自己人際關係不利的事呢？你與人爭論時，是否也感覺到了自己有不對的地方呢？你是否說過不得體的話？

在做事方面，你今天所做的事情，是否做得恰當？有沒有想過怎樣做才會更好？在生命的進程中，自己至今做了些什麼事，有無進步？是否在浪費時間？目標完成了多少？你是否經常反省自己，如果沒有，從現在起開始，你就應該培養自省的習慣！

很多人經常是處於一種既自大又自卑的矛盾狀態中。一方面，自我感覺良好，看不到自己的缺點；另一方面，卻又在應該展現自己的時候畏縮不前。反省自我，就是要加強自我修養，特別是培養深刻的自省能力，這就是我們提升個人氣場、贏得成功的關鍵。提升自我修養，就是提升氣場的最好的方法。

人不是聖賢，都會有過失錯誤。但是，能不能知過即改、從善如流，卻是成功者與失敗者之間的最大區別。因此。我們要盡量做到「吾日三省吾身」，不斷增強自己的分辨能力，在看到別人的壞習慣的同時，也能主動地反觀自身，使自己及早地了解自己的習慣盲點，進而加以改正。

時常自省，就如同對鏡整衣，可以發現一個人不足之處，也可以窺見一個人思想與行為上的差錯，這些都是一個人提升氣場、完善自我的最好習慣。

七、改變氣場需要你的主觀能動性

一個人具有積極主動的意識，不僅能使自己在困境面前力挽狂瀾，回天有力，而且在平常的生活、工作和交往中也會處於有利地位，時時把握先機。

　　一位心理學家在他的小女兒第一次上學之前，教給他的寶貝女兒一個祕訣，那就是在學校裡要多舉手——尤其在想上廁所時。於是，他的小女兒遵照父親的叮嚀，不只在內急時記得舉手，老師發問時，她也總是第一個舉手，不論老師所說的、所問的她是否了解，或是否能夠回答，她總是舉手。

　　隨著日子一天天過去，老師對這個不斷舉手的小女孩，自然而然印象極為深刻。不論她舉手發問，或

是舉手回答問題，老師總是不自覺地優先讓她開口。誰知這種做法，竟然令這位小女孩在學習的進度上、自我肯定的表現上，甚至於許多其他方面的成長，都大大超越了其他的同學。

多多舉手，正是那位心理學家教給他女兒在學習生涯中的利器，是成功者積極主動的態度。

幾乎所有成功人士都具有事事主動的習慣。通常，有些人總覺得自己處處被動，處處受人壓制，殊不知，這種被動局面完全是由自己造成的。如果你事事主動，事事想在前面，做在前面，你就會從被動的局面中解脫出來。

在古希臘時，佛里幾亞國王葛第士以非常奇妙的方法在戰車的輪上打了一串結。他預言：誰能打開這個結，誰就可以征服亞洲。可是，一直到西元前334年還沒有一個人能將繩結打開。這時，亞歷山大正率軍入侵小亞細亞，他來到葛第士的繩結前，連考慮都沒有考慮，就拔劍砍斷了它。後來，他果然一舉占領了比希臘大五十倍的波斯帝國。

還有一個故事：

有一個孩子在山裡割草時，不小心被毒蛇咬傷了腳趾。孩子疼痛難忍，而醫院在遠處的小鎮上。這個

孩子便毫不猶豫地用鐮刀切斷了受傷的腳趾，然後忍著巨疼艱難地走到了醫院。雖然缺少了一個腳趾，但這個孩子卻以短暫的疼痛保住了自己的生命。

進攻，必須強調主動，一切自卑、畏縮不前和猶豫不決的行為，都會導致人格的萎縮和做人處世的失敗。改掉壞習慣，就應該有亞歷山大的氣概，或有那個小孩的果斷和勇敢。徹底改掉壞習慣，讓好習慣引領自己走向成功。

有人認為：「江山易改，本性難移。」就算知道自己有壞習慣，就算自己已經意識到了，你又能拿它奈何？其實這樣想是完全錯誤的！與建立良好習慣一樣，其相應的就是克服不良習慣，正所謂：「不破不立。」如果你不改掉不良習慣，那麼好習慣就難以建立起來。其實，壞習慣並不屬於我們自身，它與好習慣一樣，不是與生俱來的，也是可以改變的，只要我們有決心，只要我們能積極主動地去改變它。

要想在煩亂的社會中獲得成功，就必須強調主動。在人生中，人人都會面臨困境，常常處於被動的狀態，只會被困難壓倒，若對困難無所畏懼，勇敢的向前，化被動於主動，一切困難也都會銷聲匿跡。

因此，你不妨試一下下面這些方法，想必你也會覺得轉換生活觀念和習慣不會再是一種難事：

—— **不要侷限自己。**你完全可以承認：「我過去曾認為自己……」，但是不要把自己限定在這個判斷中，而是用行動證明

你已經從過去的陰影中走出來，完全是一個鮮亮充滿活力的個體。

──選出那些最常用的消極描述，每天消除一個。告訴你周圍的朋友、同事，你將努力改變它們，請他們幫助提醒你。

──為自己制訂行動上的目標，從小事做起。比如：你曾認為自己是一個害羞的人，那麼不妨主動去結識一個你以前可能不敢主動接觸的人。

──寫行為日誌。用這種方式記下每天你使用自我性標籤的具體時間和地點，並努力減少這種行為。

──每當你發現自己又說了令人沮喪的話，就立即改正自己。告誡自己：「只要努力一下，我就可以改變自己」、「我現在與以前不同」、「懶惰和頹唐都不是我的個性」。

不要為你的消極和惰性尋找藉口，這些都是前進的障礙，自己的不良狀態無異於未戰先敗。相信自己，只要自己肯努力，就能夠從過去的陰影中走出來，成為一個全新的自己，以更自信更堅定的腳步走向明天的勝利。

八、改變氣場需要調整你的潛意識

一個人氣場的改變是隨著習慣的改變而改變。很多人覺得改變氣場很難，那是因為改變習慣本身就不是那麼簡單。為什麼習慣如此難以改變？因為，習慣已經深深地植根於你的潛意識當

中，這僅用你的顯意識幾乎是無法可以改變的。

在心理學上，潛意識是相對於意識而言的一個心理學名詞。意識，也被稱為顯意識，即一個人有意識的思考一些問題，說一些話，做一些事情。也就是說，你的一言一行，都是經過深思熟慮、考慮到了相關因素和利害關係的，而不是無意識或下意識地去做的。這都是顯意識在發揮作用。

然而，在實際的日常生活中，我們的說話、做事，大多數時候都是在無意識的情況下進行的。

比如：你與同事們聊天，很多話都是無意識的脫口而出的。而且，人與人之間的關係越熟悉，無意識說出的話就越多，你的本性曝露的就越多。說出了傷人的話，得罪了人，你還不知道。當意識到後，你卻已經說出來了，從而使自己苦苦經營的人際關係只因幾句話而毀掉。

相對於潛意識，顯意識的活動卻會在我們的警覺下工作，所以在我們有防備意識、頭腦清醒的時候，就能夠用意識戰勝潛意識。這個時候，顯意識就像是一位值勤的哨兵，時刻在值守著你的心理和思維。

對於廣告，想必大家都不陌生，其實廣告大多就是利用了人的潛意識。

在美國，有一家電影院在放映電影時，在銀幕上打出「喝可口可樂，吃爆米花」的字樣，由於這些字樣只是一閃而過，因此觀眾們都沒有意識到有什麼。但事實是，之後的沒多久，可口可樂和爆玉米花的銷量就開始大為增加。

據說，還有一家很有名的現場製作烤餅乾的商家也充分利用

了這種現象，做法就是將烘烤餅乾時散發出的香味擴散到商場裡去，以此勾起人們的食欲。因此，他們的烤餅乾賣得異常暢銷。

潛意識的這種功能，不僅對別人是這樣的，對自己也是如此。如果你的潛意識儲存的訊息是積極的，你在思考、解決問題、承擔工作任務時，你就會不自覺地從積極的方面去考慮，你想到的就是：我能解決這個問題！我能做好這項工作！我能完成這項任務！我是一個能力很強的人！

相反地，在潛意識中儲存的訊息若是消極的，那麼你在思考問題、解決困難、承擔任務時，你就會不自覺地從消極的方面去考慮。所以，在這個時候你首先想到的可能就是：我不行，我沒這個能力，這個問題太難了，我解決不了。這個事情太複雜了，我是無能為力了。我沒有這方面的經驗，萬一失敗了怎麼辦等等。

由此，要改變自己以往的習慣，我們就要從鍛鍊自己的潛意識入手，一步步地使顯意識變為不用自己有意去做的潛意識。

大家都知道，人有一個最大的特點就是假想願望已經實現，由此便可在內心建立起一個虛擬的成功體驗。這就如同你周圍的情況無法讓你生機勃勃，而你只要把狀況假想成你想要的，然後把自己融入其中，就可以由此改變心境、信心和行為一樣。

有一個人在報上看到招聘啟事，正好是適合自己的工作。到了第二天早上，他就準時到了應徵地點。可是，他發現，應徵隊伍已經排了二十幾個人了。於是他便拿出一張紙，寫了幾行字，然後讓後面的男孩

為他保留位子，而向招聘席走去。他走到負責招聘的女祕書面前，很有禮貌地說：「小姐，請妳把這張紙交給老闆，這件事很重要，謝謝妳！」

這位祕書看看他，本想把這件有違常規的事推掉，但是這個男孩看起來太自信了，他神情愉悅，文質彬彬，似乎有一股強烈的力量正在催促著她將這張紙交給老闆。於是，她便不由自主地將紙條遞向了老闆。老闆打開紙條，見上面寫著這樣一句話：「先生，我是排在第21號的男孩。請不要在見到我之前做出任何決定。」

你認為，這個男孩能得到這份工做了嗎？我想這是可以肯定的，因為他體現在外的神情已經告訴了人們：我是一個有能力勝任這份工作的人。

習慣不僅僅影響著我們的個人生活，也引導著整個社會結構的心理機制的改變。改掉習慣，就需要發動你全部的力量，不斷地對自己重複這些心理暗示，這樣你就能培養出良好的心理習慣。

掌握自己才能掌握一切，戰勝自己才是最完美的勝利。習慣就是在長時期裡逐漸養成的，所以習慣是一種經過不斷重複而逐漸形成的自發經驗反應。當你養成一種好習慣之後，它的作用過程就是你的潛意識。

在人的一生中，每一天都有可能遇到很多讓自己自信受挫的問題，當我們面對這些困難時就應該把困難當作機遇，在心裡把

自己當成冠軍，把自己當成強者。因為只有這樣，你才能有克服困難的信心和勇氣，才能有走向成功的無畏精神和無窮的力量。

曾看過這樣一個古老的故事：

有一個年輕人去拜訪一位著名的禪宗大師，他聲稱想學習一些新的關於禪學藝術的東西。

但是，從一開始，這位大師就看出了這位年輕人有些自負，他來到這裡所想要的僅僅是為了能夠向其他人說自己已經向這位大師學習過。大師便想出一個計策來點悟他。於是，大師提議，讓年輕人和他一起喝茶。

喝茶期間，大師舉起茶壺往年輕人的杯子裡倒茶，當茶水到達茶杯口時，大師還在繼續從茶壺裡向杯子倒茶水。年輕人看看大師，似乎並沒有停下的意思。這時，茶水已經溢出茶杯，滴到了地上。年輕人便焦急地大喊起來：「停下吧，大師！茶杯已經滿了，不能再裝更多的茶水了！」

大師停下來，端起茶杯將茶潑在門外的地上，然後語重心長地說：「在茶杯重新能被再灌注前，你必須倒空它。」這位年輕人聽後，心神意領，知道了自己的不足，於是羞愧地忙向大師謝拜。

同樣的道理，對於每一位成功者來說，要想將思想的雛形不斷完善，並轉換成有形的財富，就絕不能讓壞習慣牽著鼻子走。

我們唯有拋掉舊的壞習慣，才有可能開始新的好習慣，才能有工作和事業上成功，才能有生活的幸福。

為了改掉壞習慣，我們必須關注、溝通並訓練我們的潛意識。透過實踐鍛鍊，我們就能夠真正的獲得自制力，也只有依靠慣性和反覆的自我控制訓練，我們的精神才有可能得到完全的控制。

每天去做一點自己心裡並不願意做的事，每天都嘗試去做一些你原本不喜歡的事，把它當成對自己的磨練，你的潛意識就會慢慢加強，成為你的習慣。

要改變氣場，就要改變習慣；要改變習慣，就要調整自己的潛意識。當我們堅定了這種自我的信念與信心，我們的工作才會更出色，成績才會更突出。

十、用意志力驅使自己不斷前進

著名教育家曼恩說：「習慣彷彿一根纜繩，我們每天給它纏上一股新索，要不了多久它就會變得牢不可破。」

一個好習慣的養成，需要一個醒悟——改變——反覆——鞏固——穩定的過程。要一點一滴地堅持，只要不動搖，朝著一個方向不停止，堅持行動，就有了習慣的雛形，再一點點堅持，習慣更加成熟了，良好的氣場也就隨之建立起來了。

有一個男孩的父母希望他們的兒子能成為一位體

面的醫生。後來，男孩終於按父母的意願考入了一所醫科大學，可是這個男孩只對電腦感興趣。

在第一學期，他從當地零售商處買來降價處理的IBM個人電腦，在宿舍裡改裝升級後賣給同學。他組裝的電腦性能與品質都十分優良，而且價格便宜。因此，他的電腦不但在學校裡熱銷，連附近的律師事務所和許多小企業也紛紛前來購買。

第一個學期快要結束的時候，他告訴他的父母，他要退學。父母堅絕不同意，只允許他利用假期推銷電腦。並且，要求他承諾，如果這個夏季銷售不好，就必須放棄電腦生意。但是，男孩的電腦生意在這個夏季卻進一步突飛猛進，僅用了一個月的時間，他就完成了十八萬美元的銷售額。他的計畫成功了，父母很遺憾地同意了他的退學。

之後，這個男孩組建了自己的公司，打出了自己的品牌。在很短的時間內，他良好的商業成績引起了許多投資家的關注。第二年時，公司便順利地發行了股票，這個男孩也由此擁有了一千八百萬美元的資金，這年他才二十三歲。

十年之後，他還竟然創下了類似於比爾‧蓋茲般的神話，擁有資產達四十三億美元。其實，這個男孩就是戴爾公司總裁麥可‧戴爾。

戴爾之所以能成功，就是因為他堅信一句話：「有朝一日我

會開一家公司的。」也就是這麼一句話，一直激勵他不斷地向成功邁進。後來，當比爾·蓋茲親自飛赴戴爾的住地美國奧斯丁向他祝賀時，比爾·蓋茲對他說：「我們都堅信自己的信念，並且對這個行業富有激情。」這時，兩位商業巨人的手也緊緊地握在了一起。

堅信你自己的信念，並靜下心來，努力去做，成功就會觸手可及。信念是什麼，信念就是一個人內心始終如一的堅守，如同一個國家對土地的堅守一樣。但是，在我們中間卻沒有人能把自己像一個國家一樣來堅守。生活中，你或許也很勇敢，或許也很自信，或許也有過一些知識和經驗，或許曾經一度也堅韌無比，但你沒有成功，或者說離你心目中的成功還有一定的差距。為什麼沒有成功？關鍵就在於你沒有把勇敢、自信、方法、堅韌這些「成功因子」融合在一起，讓它們變成自己的信念來堅守。

有位年輕人曾說：「我要寫出一篇可以轟動社會的小說來。」當時，他的確有一股火熱的激情。於是，他沉醉於其中，一口氣便寫了五萬多字，還頗為自信地拿給朋友看。

朋友覺得他的文字與敘述技巧很好，但是故事構架平平淡淡，情節也有些不合邏輯，不但不能產生轟動，甚至連一般的雜誌也難以接受。但是，朋友仍然以極大的熱情鼓勵他，希望他打亂現有結構，重新設計故事中的某些細節。

聽過朋友的話後，他像洩了氣的皮球一樣癟了，

不想再重新構思。於是，他直接就把這篇小說投到了兩家雜誌社，但都被退回來了。從此，他對寫小說不再有強烈的興趣了，自信心也消失了。

自那以後，這個年輕人雖然也有過幾次衝動，開過幾篇小說的頭，但至今仍沒有結果。再後來，他便放棄了文學之路。

其實，這位年輕人以他的文學基礎及他的創造力而論，完全有才能在文學創作上有所成就，但可悲之處就在於他缺乏耐性，缺乏堅忍的意志，鬆懈情緒窒息了他的創造才能。

追求高品質的人生，全靠我們的勇氣，全靠我們的信仰，全靠我們的恆心、毅力和行動。唯有如此，方能成功。一個人如果沒有毅力，那麼他必將被生活中的種種挫折打敗，甚至在還未開始前，就已經被打敗。有毅力，你才會贏。

對於每一個人來講，勤奮的努力就如同一杯濃茶，比成功的美酒更於人有益。一個人，如果畢生能堅持勤奮努力，本身就是一種了不起的成功，它在一個人精神上煥發出來的光彩，絕非是胸前的一些獎章所能比擬的。

下面這段名言就是聞名於世的麥當勞創始人克羅克的座右銘，它現在仍鑲嵌在麥當勞世界總部的一個十分精緻的鏡框裡。據說，它最早出自美國總統柯立芝之口。這段話是這樣說的：

「在世界上，毅力是無法替代的。

天賦無法替代它，有天賦卻失敗的人比比皆是；

教育無法替代它，受教育卻失敗的人到處都有；
才能無法替代它，有才能卻失敗的人隨時可見；
只有毅力是無所不能、所向披靡的。」

達文西曾說：「頑強的毅力可以克服任何障礙。」站在人生的道路上，我們目睹了絕大多數人在失敗中倒下去就再也沒有爬起來的，這些人就是缺乏毅力。

毅力，不是天生的，也不是隨隨便便就產生的，它正是人的一種習慣，是在人的實踐活動中逐漸培養、發展起來的。猶如人的其他各種心理型態一樣，培養毅力也必須以清楚的動機作為基礎。這些動機就是：

——**準確的目標**。這是培養毅力的第一步，也是最重要的一步，就是要明確自己所渴望的是什麼。強烈的動機會幫助人們擊敗很多挫折。

——**欲望**。若有強烈的欲望，就比較容易獲得和保持毅力。

——**自我激勵**。要有實現這個計畫的自信心，並能激勵自己去征服實現計畫中的任何阻礙。

——**計畫明確**。有組織的計畫可以引發毅力，即使這個計畫有些不完整和侷限性。

——**計畫的落實**。觀察與分析必須仔細，不能用猜測來代替腳踏實地地去做。

——**協調合作的精神**。培養毅力還必須是相互之間達成的諒解與融洽的合作。

——**意志**。思想集中到準確的計畫上也會產生毅力。

　　拿出勇氣來反省思過，了解自己以及自己的毅力，將毅力培養成一種習慣，你便會因你無堅不摧的毅力而獲得豐富的回報。

PART6
第六章　打造強大的氣場

一、用學習力加強氣場

學習力是把知識資源轉化為知識資本的能力。今天的社會已經進入「知識經濟」時代，「知識就是力量」本身也由含蓄變得直白：知識就是金錢，知識就是財富，其「力量」的現實屬性更加突出，一個有學習力的人不但能夠有效地學習，同時在學習的過程中還能夠強化自己的氣場。

時代是不斷發展的，一個沒有學習能力的人，會因一點點小事而消沉頹廢，不學習就意味著在原地踏步，沒有提升。久而久之，落後的被時代所淘汰，如果想要扭轉這種局面，只有用學習力來加強氣場，才不會被淘汰。

那麼如何才能提升我們的氣場呢？氣場的提升需要我們不斷的學習。一個有知識的人，則胸懷坦蕩，容納百川，他會擁有受人尊敬的氣場。想要擁有良好的氣場，首先要豐富頭腦，就不能放棄學習。如果放棄了學習、求知，也就放棄了自己加強氣場的機會。

培根曾經說：「知識就是力量」。人生就是一個不斷學習的過程，終身學習將成為事實。學問是沒有止境的，我們目前所知道的，只不過是滄海一粟，少得可憐。因為知識一日千里，更新的速度非常快。當你停止學習後，你的知識水準便落後了。而你的氣場，也會逐漸被削弱。如果你能讓學習與生活同在，那麼你的知識、修養、品味，會讓你的氣場更加強大，更能贏得認同，你的生命也將會更豐富、更有意義。

學習是一門很深的學問，學習是上帝賜給每一個人的寶貝，

只要你能善用它，它可以讓家庭幸福，讓成功水到渠成，最重要的，它可以讓你的氣場得到更高的提升。

有人會對學習不屑一顧，認為學習不就是多看書嗎？抱有這樣態度的人更別提學習力了，因而也不會透過用學習力來加強氣場。其實不然，學習也是講究方法的。學會學習，主要是養成良好的學習品質和具備一定的學習能力，努力使自己成為愛學習、會學習、善學習的人，從而具備終身創新能力。有了學習力的人就有了智慧的氣場。

其實，學習力也是一種需要不斷培養的能力。我們知道工作需要累積經驗，學習力也一樣，而且學習力本身也是有一定規律的。同時，學習力的培養和做其他工作一樣，需要信心、耐心與恆心。我們經常看見一些人因暫時的挫折而垂頭喪氣，進而對自己產生懷疑，這是沒有必要的。只要你有較強的學習力，透過學習證明了你的能力，你所學習的就是從失敗中吸取教訓，從成功中尋找經驗。只有這樣，你才能提高自己的學習力，才能加強你的氣場。

有人舉了一個非常形象的例子：假如想搬起一塊大石頭，石頭太沉，怎麼搬都挪不動，而如果你懂得槓桿的原理，那就好辦了。「槓桿原理」就是知識，這知識讓你有了力量。你可以輕鬆挪動它。在你學到了知識後如何使它變成你的智慧？假如你有本事把搬石頭這件事情詮釋得很偉大，很崇高，並被別人所接受，那麼，你連槓桿都不用了，會有好多人搶著來幫你搬。讓別人因為一個崇高而偉大的目標而替你搬石頭，這就是你的智慧。知識的力量是無窮的，正是不斷地學習知識，打開自己的成長之門，

活到老，學到老。

因此我們說擁有成功的氣場，離不開學習、創新和務實。人生之旅，長路漫漫，但千里之行始於足下，每一步都需要走正走實。人類社會之所以發展到今天，是前人在實踐中不斷吸取經驗教訓，從而發展為改造自然，征服自然的知識，進而推動了人類社會的發展。

美國著名作家弗格森說：「每個人都守著一扇只能從內開啟的改變之門，不論動之以情或曉之以理，我們都不能替別人打開這扇門。」學習就是攀登奇山險峰，跌倒了再爬上去，每得到一點進步，就有一份鼓舞，逐漸看到更為廣闊的世界，直到璀璨的雲端、藍天的深處、希望的頂峰。

人生畢竟是自己的。一個人怎樣看待、設想、規劃自己的人生，他就將會擁有一個什麼樣的人生。假如，我們每一個人，都用知識點亮自己心中的燈，我相信，這個世界將是一片光明。我們的成長之門只能由自己打開，別人是無能為力的。讓我們自己打開書本，讓每一天都充實地走向人生發展的最高境界吧！

如今在這個資訊爆炸的知識經濟時代，在知識總量迅速擴張和更替週期日益縮短的當今時代，只有學習，才能始終把握氣場的脈搏，不斷加強自己的氣場，不斷提升自己。我們不能決定生命的長度，但可以擴展它的寬度，我們不能改變世界，但是可以改變我們的命運。而這一切的動力，源於我們用不斷學習到的知識，加強我們的氣場，用氣場來改變我們的人生。

二、用思考力培養氣場

　　成功學大師拿破崙‧希爾曾經把學習力譽為主宰成功的最重要因素之一。學習力是思考的基礎，沒有豐富的知識作基礎，就談不上思考的深度和廣度。思考是學習力的繼續，是對實踐現象進行分析、綜合、比較，探索其本質和規律的重要認識環節，是學習後的覺悟的過程。思考是學習的昇華，光學習不思考等於沒學，因為你不能把知識變成智慧運用到生活中去。英國作家波爾克說過：「讀書而不思考，等於吃飯沒有消化。」所以，思考力在氣場的提升中，有著至關重要的作用。

　　有人問人和動物的本質區別是什麼呢？生物學家給出的答案是：人可以自由使用手，可以直立行走。但最根本的區別是人類擁有語言能力並且會思考，人是有思想的動物。勤於思考，越多地挖掘人類的潛質，就會越接近人類的本質。

　　生活，真的需要思考，很多時候，人算不如天算。當遇到突發情況的時候，得求助別人，在求助別人的時候首先要作一番思考，作一番衡量。透過整理自己的思想，我們能夠更好地維護自我主體性，更好的培養自己的氣場。

　　在我很小的時候，我的祖輩就給我講過這樣一個故事：

　　　　有一位非常有名的老木匠，他的技術高超，遠近聞名。不過，這位老木匠一生只收了兩個徒弟。這一天，老木匠把心愛的小徒弟叫到跟前，笑著說：「徒兒，你可以出師了，你不但學到了我全部的技術，而

且還在很多方面都超過了我。真是『青出於藍而勝於藍』啊！」小徒弟聽完師傅的話，依依不捨地告別了師傅。

老木匠的大徒弟很不服氣。大徒弟找到老木匠質問道：「師傅，師弟可以出師，為什麼我不能出師呢？我比師弟早來半年呀！」

「但你的技術卻比你師弟差遠了。」老木匠平靜地說。「為什麼？」大徒弟不解地問。「你跟我學手藝，只是一直在模仿我，從來沒有任何創新。而你師弟呢，則是會用腦，善於思考創新，這樣才是一名真正的好木匠。」老木匠解釋說。

大徒弟還是氣不過，便趁著夜黑，偷偷離開了。幾年以後，小徒弟成為一名出色的木匠。而大徒弟呢？再沒有人聽到過關於他的消息。

小徒弟的成功不僅是因為認真學習，更重要的是他善於思考，具備很好的思考力。書本給我們提供學習的工具，如何把書本知識轉化為能力，運用到現實工作中去，靠的就是思考。會不會學習，愛不愛學習，絕不僅僅取決於讀了多少書，做了多少筆記，更取決於能否從書本中跳出來，不讀死書，不死讀書。

我國古代大教育家孔子也說過同樣道理的話：「學而不思則罔」，意思是說只學習而不進行思考，就會迷惑而無收穫，學習是件難事，難就難在要開動大腦這台機器，多思考、多質疑、多聯想，沒有思考的能力，沒有思考的學習，就不是學習，也就不

能用思考力培養氣場。

今天的世界是個分分秒秒都在變化的世界，在新的形勢和環境下，我們往往會遇到許多新情況、新問題。思考力是一種能力的直接展現，善於思考，則事半功倍，不善於思考，則事倍功半，甚至走向學習的反面。

擁有了卓越的思考力，方能引爆無限潛能。有些沒成功的人不可謂讀的不多，但缺乏思考力，不善於在實踐中吸取經驗教訓，解決不了新形勢出現的新矛盾、新問題。不勤於思考、思想懶惰的人，既不刻苦學習和鑽研理論，又不深入掌握和分析實際情況，對工作敷衍了事，混一天算一天。真要遇到一點新情況、新問題，很難有什麼獨立見解，生搬硬套地弄出個不是辦法的辦法來應付，不然就是推得一乾二淨，不聞不問，久而久之，氣場就會逐漸的削弱，因此，一個人必須具備思考的能力，要用思考力去培養自己的氣場，這樣才能提升氣場。

徐特立說過：「世界上的一切都需要創造，要前進就不能坐著等待，就要去創造。」而創造的前提也是思考，因為靈感是不會自己跑進你的腦子的。你必須抓住很細微的，哪怕是一瞬間的想法，然後慢慢的推敲，逐漸使之充實。而其中推敲的過程就叫做思考。在掌握具體思考方法的時候，千萬不要忘記最有價值的思考方式，即獨立性思考、創造性思考。

事情的成功與否並不可怕，可怕的是沒有思考力。真正思考過的失敗其實也是一種前進。

美國實業家羅蘭·布歇內爾，生於1940年。六〇

年代進入鹽湖城猶他大學工程系。暑假期間，在馬戲團門口擺攤叫賣彈珠、口香糖等小玩意。穿著花俏的T恤衫，緊身牛仔褲，長髮蓬亂，一臉大鬍子。他喜歡玩電子遊戲「太空爭霸戰」，這種遊戲讓人上癮。他明白，如果在電腦上開了裝硬幣的槽，那他很快便可成為百萬富翁。

發財的夢想一直在他的腦海中盤旋，他始終沒有放棄思考如何成為百萬富翁。1971年，二十五歲的他耳聞目睹了惠普、英代爾的創業故事。而且積體電路的大幅降價，使他感到離自己的夢想越來越近。這位擺攤的人又想自己創業了。1971年一個凌晨，他完成了第一個電子遊戲機──「電腦宇宙」。雖然第一個電子遊戲機超過了當時人們的接受範圍銷售不理想，但失敗沒有嚇倒他，反而讓他相信自己並沒有走錯路。

他在1979年的一天邊看電視邊想：光看電視實在是沒有意思了，把電視接收器作為試驗對象，看看它會產生什麼反應。經過他努力的探索與思考，他終於發明了互動式的乒乓球電子遊戲，從此開始了電子遊戲機的革命。

布歇內爾正是因為善於思考，結合實際，研究歸納符合當前形勢和現實發展需要的特殊規律，在面對困難和問題的時候，多問幾個為什麼和怎麼辦，堅持到底就會成功的。

世界著名的科學家愛因斯坦說過：「學習知識要善於思考，思考，再思考，我就是靠這個學習方法成為科學家的。」許多科學家的發明創造，都是在日常生活中透過仔細觀察，勤於思考得來的。如魯班因茅草劃破手發明了鐵鋸；牛頓看到蘋果落地而發現了萬有引力；達文西透過觀察鳥和蝙蝠的飛行而設計了滑翔翼。這些都說明了要善於思考生活中碰到的問題，我們才能有新的發現，善於思考，要創造性的思考，獨立的思考，不要完全指望別人指望書本。

　　世界著名的發明大王愛迪生一生創造了一千三百多項發明，而他只在正規學校讀過三個月的書，他說：「不下決心培養獨立思考習慣的人，便失去了生活的最大樂趣—— 創造。」他的創新智慧全仗在自學中的獨立性思考、創造性思考。聰明人的氣場就是要能在需要的時候，能把最先進的，最管用的知識歸納出來，指導我們的工作。思考不僅是能力，也是科學家智慧的展現。

　　我們不但要鑽研書本知識，而且對生活中的一些問題，也要積極思考，要具備思考的能力，因為生活和科學往往是聯繫在一起的。學會思考並不難，關鍵在於「勤」，要多思考，常思考，養成勤思考的習慣。著名作家姚雪垠曾說過「光讀書不思考，結果就會變成書的奴隸；光思考不讀書，結果你也是架空了知識，得不到真的認識。所以治學問之道，既要善於讀書，也要善於思考，明辨是非，知所適從。」

　　在讀書中思考，在思考中讀書，不斷培養自己的思考能力，有了思考力，知識才能真正掌握，而思考的習慣和能力又是不那麼容易養成和提高的。思考得越多，思考問題也就越容易；思考

的水準越高，思考力也就越大，你的氣場就會跟著有所提升。

　　思考力，可以培養氣場，可以讓你的氣場慢慢改變。在生活中，時時刻刻都需要思考，不思考的生活是一種隨意的生活。而這種隨意會影響到氣場的提升，也就會影響到人生價值的實現。因此，氣場較弱的朋友，可以試著去思考，養成思考的習慣。學會對事物有自己的看法，透過自己的思考，得出結論，你會發現，你周圍的人多了起來，認同你的人多了起來，因為思考力培養了你的氣場，讓你更能引人注目。

三、用堅持力改變氣場

　　堅持是成功者必備的重要品格之一。每一個人都有夢想，不管這個夢想是偉大還是平凡，每個人都會為自己的夢想奮鬥，但成功的人卻始終是少數，究其原因，是因為有些人沒有堅持，不具備堅持力，沒有堅持力的人就沒有堅持的氣場，因此也就不會成功。我們可以看到，一個成功者因為具備了堅持了，他的氣場很強大，強大到在一切困難面前，都勇於嘗試，敢於面對，從而依靠堅持力改變了氣場，提升了氣場。

　　而失敗者的氣場，在困難面前則顯得有點弱小，失敗的人抱怨：「我盡力了，天不助我！」「運氣不好，我也無能為力。」「艱難險阻太多，人類無法克服！」其實失敗者之所以失敗，就是因為他們沒有具備堅持力。這些抱怨，只能削弱了氣場。成功的道路有著許多的挫折、困難、失敗，只要你戰勝它們，你就離

成功不遠了。想要改變自己的弱氣場嗎？想要用強大的氣場獲得成功嗎？那麼，請記住下面這句話。強大的氣場，有一個很關鍵的支撐因素：堅持力。

如果做事不能堅持，即使做得再多，也會像下面故事中的人一樣，一無所獲。有這樣一幅漫畫，畫的是一個人在挖井求水。井已經挖得很深了但仍不見水，於是他換一個地方繼續挖，又挖了很深，卻還是不見水出來。這個滿頭大汗的人又換地方再挖，不過挖的井一次不如一次深，最終沒有成功挖到水。其實，在他每一次挖的地點的下面都有水，有一、二次與水只有一鋤之隔，但挖井的人沒有堅持再挖下去，哪怕只是一鋤，命運就會不一樣了，結果他以失敗告終。

想打造成功的氣場也是同樣的道理，一次、二次可能很難完成，如果這時你放棄了，就會像那個挖井人一樣以失敗告終。如果你堅持，下一秒你的氣場就會爆發。這則漫畫給人們的啟示就是做事必須具有堅持、再堅持的精神，只有透過堅持不懈的努力，才能使事物由量變達到質變的飛躍。

可見，堅持是成功者必備的重要品格。成功貴在堅持，貴在自強不息，求知若饑，虛心若愚。你可能暫時不是一個成功者，如果你有堅持下去的決心，時間可以證明一切。或許成功如果沒有一個好的背景或者人際關係會難很多。但並不是沒有可能。以前人們可以白手起家，投資經商的時期是最大的機遇。現在白手起家幾乎不可能了，但還是有希望的。細看那些成功人士，大多數都是經歷許多苦難，吃了很多苦最終沒有放棄才成功。要成功必須先鍛鍊自己堅持的意志力，不斷挑戰失敗。

法國啟蒙思想家布封曾說過：「天才就是長期的堅持不懈。」中國著名數學家華羅庚也曾說：「治學問，做研究工作，必須持之以恆……」的確，無論我們做什麼事，要取得成功，堅持不懈的毅力和持之以恆的精神都是必不可少的。成功就要丟掉幻想，堅持自己的看法和觀念。不以暫時的勝敗而斤斤計較，要知道成功者前面總有許多失敗，成功者是少數人。只有堅定信心，只要自己覺得是正確的，那麼就是前面有困難重重，也會勇敢地去面對和堅持，宏大的氣場指日可待。

　　人們認為要想成功要經過「餓其體膚，空乏其身」、「頭懸樑，錐刺股」一般的艱辛，其實，成功並沒有那麼難，只需要具備堅持力，堅持可以改變你的氣場，提升氣場，促進你的成功。在生活當中，無論我們做什麼都要學會「堅持」，很多事情都不是一朝一夕就能完成的。有的事情可能要用幾年，幾十年，或者是一輩子的付出，才能夠完成自己心目中的理想與夢想。就算是一件很簡單的事情，如果能夠堅持，也足見其偉大。

　　　　有一天大哲學家蘇格拉底在課堂上對學生說：「今天我們們只學一件非常簡單，也是非常容易做的事，每人把手臂盡量往前甩。」說著，蘇格拉底示範了一遍，「從今天開始，每天做三百下，大家能做到嗎？」

　　　　學生們都笑了，這麼簡單的事，有什麼做不到的！

　　　　過了一個月，蘇格拉底問學生們：「每天甩三百

下，有哪些同學堅持了？」

有九成的同學驕傲地舉起了手。

又過了一個月，蘇格拉底又問，這回堅持下來的學生只剩下八成。

一年後，蘇格拉底再一次問大家：「請告訴我，最簡單的甩手運動，還有哪幾位同堅持了？」

這時，整個教室裡，只有一人舉起了手，這個學生就是後來成為古希臘另一位著名哲學家的柏拉圖。

在蘇格拉底的遊戲中，柏拉圖成功了。影響成功的因素很多，但具備堅持力，具有求索的精神是走向成功的基本要素。很多時候，你所堅持的時間長度決定著你研究的深度，只有一步步走下去，你才會獲得成功。柏拉圖的成功是堅持的力量，正是這種力量推動著個人的學習成長、國家的發展乃至社會的進步，堅持不但能夠提升一個人的氣場，同時也能改變氣場，所以只有以一種堅持的精神去奮鬥拚搏，才可能達到成功的彼岸。

韓國一位成功的企業家說過，「成功並不如你想像的那麼難，只需要對你所感興趣的事業長久地堅持下去，即使是失敗也不放棄，那麼，你就會成功。」所以我們不管做什麼事，不管做什麼工作，我們必須有一顆渴望成功的心，擁有了這顆心，堅持不懈，成功就會離我們一步之遙，觸手可及，我們就會享受成功所帶來的喜悅。

達爾文二十年如一日的研究生物學，無論在風急浪高的遠洋考察船上，還是在條件簡陋的實驗室裡，他始終堅持不懈，最終

發現了生物進化的規律；愛迪生嘗試了幾千種材料後，他並不能確定手中握著的或是下一個就是自己要尋找的材料，但他依舊堅持著，於是他找到了鎢絲，發明了電燈，給人類送來了光明；貝多芬失聰後依然堅持不懈，最終創做出了偉大的《命運交響曲》；沒有達文西對著雞蛋臨摹千百遍的堅持，哪來《蒙娜麗莎》的美麗與生動？沒有李時珍四方品嚐百草的堅持，哪來《本草綱目》的詳細與準確？沒有司馬遷忍辱負重四十年傾心專注於《史記》，哪有「史家之絕唱，無韻之《離騷》？」

可見，堅持力對於獲得成功是多麼的重要。一個民族、一個國家更是如此。班固曾說過：「一日一線，千日千線；繩鋸木斷，水滴石穿。」做事要堅持，如果沒有堅持的精神，那麼成功很可能與我們失之交臂。當困難絆住你成功腳步的時候，當失敗挫傷你進取雄心的時候，當負擔壓得你喘不過氣的時候，不要退縮，不要放棄，一定要堅持下去。因為只有堅持不懈，才能通向成功。再前進一步，如果沒有用，就再向前一步。事實上，每次進步一點點並不太難。

1831年，瑞典化學家薩弗斯特朗發現了元素釩，他在寫給朋友維勒的信中說：「在宇宙的極光角，住著一位漂亮可愛的女神。一天，有人敲響了她的門。女神懶得動，在等第二次敲門。誰知這位訪客敲過後就走了。她急忙起身打開窗戶張望：『是哪個冒失鬼？啊，一定是維勒！』如果維勒再敲一下，不是會見到女神了嗎？過了幾天又有人來敲門，一次敲不

開，繼續敲。女神開了門，是薩弗斯特朗。他們會晤
了，釩便應運而生！」

同樣的道理，只要堅持，我們的幸運女神就會如約而至。其
實成功的祕訣很簡單：不屈不饒堅持到底。生命的獎賞遠在旅途
終點，而非起點附近。

成功與失敗，僅僅只是一步之遙，然而有的人就是不肯踏出
這一步，畏畏縮縮，停滯不前，結果他永遠都不會成功。成功並
不像你想像的那麼難，只需要再堅持那麼一步！所以，想要改變
自己的氣場的朋友，告訴你一個一勞永逸的辦法，那就是堅持，
用堅持力去改變你的氣場，提升你的氣場，直到成功。

用堅持力去改變氣場我們就必須堅持，堅持，還要堅持。既
然要有所作為，還要過上幸福的生活和要證明你自己，唯有堅
持，才會讓我們有所成就，有所成功。

我們要深信世上最偉大的推銷員所說的一句話：「只要生命
不息，就要堅持到底」。所以，我們要像大樹一樣，在風將樹枝
吹折，樹幹一定要挺直。生活猶如海洋，只有堅持不懈的人，擁
有堅持力的人，才能真正改變自己的氣場，改變自己的命運，才
能達到成功的彼岸。

四、用累積打造氣場

魯迅曾經說過：偉大的成績和辛勤工作是成正比例的，有一

分工作就有一分收穫，日積月累，從少到多，奇蹟就可以創造出來。這裡說的奇蹟其實就是成功。成功是每個人心中嚮往的目標，人人都希望成功，但為何結果卻千差萬別呢？每個人都渴望踏上成功的紅地毯，憧憬能夠實現自己的人生價值，並為之孜孜以求，希望能找到一條通向成功的捷徑，然而，成功之途卻從來不是一帆風順的，它上面撒滿了奮鬥者的血淚，浸透了拚搏者的汗水。成功無捷徑！成功的氣場，是靠累積而獲得的。

有位成功者說過：「成功的人之所以成功，在於他實實在在的付出、不顧一切的忘我工作，認真學習、踏實地做好每一件平凡的事情，並不斷完善和充實自己，就像蓋樓房，從一磚一瓦開始，一層一層地建造。其實這一過程，就是磨練性格、通往卓越和成功的過程。」

成功的人生是一個不斷提升氣場，不斷自我完善的過程，不斷地吸取真諦，拋出不足的劣跡！人無完人，所以我們需要不斷學習自我完善。

天上不會掉下餡餅，一分耕耘一分收穫。任何人都不可能隨隨便便就成功。在浮躁以及價值觀扭曲的當代社會，幾乎每一個人都在不斷追求所謂事業上的成功。追求功成名就、出人頭地或者取得遠高於同齡人士的職位與薪水，太多的人想一步登天。看到別人成功，或急不可耐，或心煩意亂，或疲於奔命，或孤注一擲，如此種種，皆謂之「浮躁」。浮躁心態，是成功的大敵。有人說得好，浮躁的社會，心靜者勝出。《大學》中也說：「定而後能靜，靜而後能安，安而後能慮，慮而後能得。」在欲望與誘惑面前沉著淡定，在困難與挫折面前矢志不渝，才能不斷邁向新

的成功。不要對成功有何妄想，先去腳踏實地的做。貝多芬說：卓越的人的最大優點是在不利與艱難的遭遇裡的百折不撓，於是便有了享譽全球的音樂大師。正是貝多芬意識到人生沒有不勞而獲，只有孜孜不倦才是通往成功的路。

　　成功沒有捷徑，不但對生活是這樣，對工作也是這樣，成功需要用累積去打造成功的氣場。資源的獲取、經驗的獲得、人脈的擴大、對行業的理解與把握、管理經驗的提升等等都需要時間累積的，不會憑空從天上掉下的。這種累積來不得半點虛假與不踏實，否則就會為最後結果的達成埋下失敗的基因。成功不只是結果，更多的是過程。天地無常，太多的因素會影響最終的結果。有目標在心中，不浪費時間，每天都在努力，每天都有個小進步，哪怕最後沒有結果，那也是成功的人生。

　　　東漢恆帝在位的時候，有個有錢人想謀個一官半職，一來是為了顯威風，二來也好藉權力多貪墨一些錢財。於是他發了狠心，拿出一大筆錢來打通關係，果然如願以償，得到了一個在太守衙門裡的職位。他一身官服，趾高氣揚地走來走去，心裡非常得意。

　　　這個有錢人得意了沒幾天，就遇到難題了：有一篇奏事的呈文必須由他寫，他從小衣來伸手，飯來張口，從沒想過要去學習，什麼都不會，這回要叫他寫呈文，可使他為難了。這個人著急地在家裡踱來踱去，整天都吃不下飯、喝不下水，只能皺眉歎息。他妻子見他這樣，就給他出主意說：「鄰居張三念過幾

年書，認識不少字，你去求他幫你寫一篇，不就行了？」這人一拍腦袋：「對呀，我怎麼沒想到呢？」

於是他到張三家懇求道：「老兄啊，這回你可真要幫幫我呀！你也知道我沒認真讀過書，哪裡會寫什麼呈文，要是太守怪罪下來，那就不得了了！」張三聽了搔搔後腦勺說：「不是我不幫忙，我實在也不會寫這種文章。這樣吧，我聽說很多年前有個叫葛龔的人，他的奏事呈文寫得很好，你就去照他寫的抄一篇吧，用不著再費腦筋了。」

這個人很高興，趕緊回去把古書翻了一遍，總算找到了葛龔寫的文章。他不管三七二十一地抄將起來，連一個字都不改，原封不動地照抄下來。到最後，他抄順了手，竟然忘了改呈奏者的名字。第二天，他把呈文交給太守，太守看了，氣得七竅生煙，一句話也說不出來，馬上就把他給罷免了。

這個愚蠢的人雖然一時如願，但是沒有知識累積的他還是露出了破綻，他以為可以不用任何努力就能如願以償，結果呢？其實，世界上沒有一步登天的捷徑，也沒有點石成金的法術，唯有靠腳踏實地的努力，得來的成功才是你自己的，別人永遠都拿不走。

偉大的發明家愛迪生說天才是百分之九十九的汗水加百分之一的天才。但是，成功的人都知道這百分之一的天才最重要。有的人只流汗而沒有天才最後只能是事倍功半。而只有天才但不願

流汗，到最後可能是一事無成。要取得成功也離不開平時的刻苦累積，在成功這條路上沒有什麼捷徑可走，伴隨成功的只有認真、刻苦、奮鬥、拚搏……別無他法。用累積去打造氣場，用成功的氣場激勵你前進。

有句俗話，欲速則不達，要想有好的結果，需要大家每天踏踏實實的工作，需要每一小地方的積累。生活中的成功總是透過不斷累積才獲得的。

　　有這樣一個故事，在某個城市裡，小李和小趙都在求職。一天他們同時得到了一家公司的聘請，讓他們去做基層員工。小李覺得做基層員工太大材小用了，於是他沒有接受而想去找更好的工作。但小趙接受了那份工作，並且踏踏實實地做好了這份工作。就這樣十年過去了，小李仍然沒有找到心中嚮往的工作，因為他太好高騖遠了。而小趙現在已經是那家公司的總經理了。

小趙的成功就是他體會到了一步一個腳印的重要性。從零開始，一步一步，腳踏實地工作。「上帝像個精明的生意人，給你一份天才，就搭配幾倍於天才的苦難。」這句話確實有道理。上天終於沒有辜負腳踏實地的小趙，最終他成功了。而小李呢，只想著要一步登天，不勞而獲，最終離成功越來越遠。

成功只會眷顧那些腳踏實地從小事做起的人。一個人也只有從小事做起，從平凡的事做起，不去想路途多麼遙遠，只要著眼

於最初的一小步，就行了。走了這一步，再走下一步，腳踏實地，一步一個腳印，踏踏實實，直到抵達自己所要到達的地方。只有這樣，成功才會屬於你。只想走捷徑的人往往會一無所獲，碌碌終生。

　　想要打造一個成功的氣場，必須經歷一個艱難困苦的過程，沒有什麼事是不勞而獲的。成功的大道上荊棘叢生，這也是好事，常人都望而卻步，只有意志堅強和腳踏實地的人例外。他們往往是最終的成功者。

　　每個成功者的氣場，都是慢慢形成的，都是一步一步累積而成的。成功不是一步登天，不是一夜暴富、不是一舉成名；成功是無法一次完成的長久過程，是長途跋涉之後的彼岸，是狂風暴雨後的彩虹，是厚積而發的美麗，是默默經營好每一天。

　　提升氣場，改變人生，獲得成功，是我們不變的追求，但是，請記住成功永遠沒有捷徑，牽引著我們走向成功的，是人一生不息的腳步，風霜雪雨，一路頑強趕去。只有走過泥濘的道路，才能摘到芬芳豔麗的成功之花。

五、用器量提升氣場

　　人生活在這個複雜的社會上，會和不同的人打交道，先是自己的家人，其次是自己的同事和朋友。人們相處久了，難免會發生矛盾，對自己的名譽或者利益造成一定的傷害。那就要看我們處理這些事情的態度。古人云：海納百川，有容乃大。成大事者

要有大度的氣場，懂得包容，有了器量才會提升我們氣場。

器量是坦然面對生活的困難，在困境裡不停止自己追求的腳步。器量不是從小生來的，而是經歷生活慢慢培養出來的浩然之氣，是一個人對社會、對生活所持有態度的一種意識，是人性的自然流露，裝是裝不出來的。

生活的每一天，我們要充滿著感恩情懷，學會寬容，學會承受，學會付出，學會感動，懂得回報。老子首先提出了要大器做人。「大丈夫：處其厚，不居其薄；處其實，不居其華」。可以概括為：處厚不薄，處實不華，意為抱樸守拙。抱樸：保持自己純真樸實的本性；守拙：堅守魯直憨厚的本性。大器是一個人的氣質或器度，是內心世界的一種外觀表現，是一個人綜合素質對外散發的一種無形的氣場。成功的領導者都具有這種有容乃大的氣場。

　　在一個企業界聚會的飯局上，當時，在座的均為大企業的高層，香港華潤集團副總喬世波和華潤研究部的負責人也在座。一位外商企業的老總舉杯向華潤研究部負責人敬酒，並向喬世波說：「喬總，我向你的屬下敬一杯酒。」喬世波立刻糾正說：「不是我的屬下，而是我的同事。」

　　這句話讓在場的人無不肅然起敬。記者事後問道，「這位研究部負責人實際就是你的屬下，你為什麼還要認真糾正呢？」

　　他解釋說，「我們華潤非常注重團隊合作精神，

並不看重權力和職位的差異。團隊成員之間的關係就是『同事』，這些同事不僅有獨立的分工，也同時具有相對傑出的領導能力，但大家的合作是平等的。」喬世波接著說「要想建成一個能打勝仗的團隊，還必須逐步培養起四種基本素質，我把這些素質總結為四個『相互』，就是相互尊重、相互理解、相互信任、相互支持。看起來是不是簡單又樸素？但許多人往往意識不到，或者意識到了也做不到。」

陳道明有句廣告詞—做人要大器。大器，我想最基本的應該是胸襟寬闊，為人大度，有一顆寬容包涵的心吧，這是成功者必須具有的素質。

《尚書》說：「必有容，德乃大；必有忍，事乃濟。」職場中人，尤其是領導者，只有隨時提醒自己做到內心的「容」與「忍」，才可能在管理或與人交往中游刃有餘。做人要大器，大器說白了就是從自身做起，做好自己的每一件事。處理好自己身邊發生的每一件事。不論是生活中還是工作中，許多時候需要你做出讓步，這是成功者的智慧。忍一忍風平浪靜，退一步海闊天空。是不拘小節，為人豪爽的一種大器。日出東海落西山，愁也一天，喜也一天，遇事不鑽牛角尖，人也舒坦，心也舒坦。是心胸開闊，悠然自得的一種大器。由此可見，大器是一種極高的思想境界。是人的一種內涵和素質。是後天慢慢培養的。

有這樣一個小故事展現了有容乃大的智慧，不但在工作中奏效，在生活中同樣是智者的選擇。

古時候，有一對夫妻，丈夫厭煩了妻子，於是在外面納妾。有天晚上，丈夫照例去小妾那裡過夜，妻子笑著送他出門。丈夫覺得奇怪，莫不是她紅杏出牆？於是偷偷地又跑了回來，爬到牆上看。

　　只見妻子在院裡徘徊，輕聲吟誦：「急風吹，波濤凶，夜半山路君獨行……」大意是外面大風急作，半夜的山路不安全，我的丈夫怎麼能獨自行走呢……是一首擔心丈夫的詩。丈夫聽後羞愧萬分，從此一直珍愛自己的妻子。

　　這位妻子的智慧和大器，不得不令人佩服，其實智慧不但只是展現在如何面對大事上，生活中小事更能體會出一個人海納百川的氣場。

　　生活和工作中各行各業，形形色色的每個人都有自己的個性與想法，之間的分歧與隔閡是在所難免的，學會為人處世首先要增進彼此間的合作態度，其重點就在於能否相互的尊重與包容，是否具有一定的器量。

　　後漢時期有一位以寬厚著稱的仁者叫劉寬，年輕時，有一天他趕著牛回家，一位鄉親說，自己家的牛丟了，並把劉寬的牛認成自己的牛。劉寬沒有表示任何異議，就讓鄉人把牛領走了。後來那位鄉人的牛找到了，他就來到劉寬家還牛謝罪。劉寬只是說：「物有相類，事容脫誤，幸勞見歸，何為謝之。」老子認

為，大器做人，要受得委屈，經得冤枉。他說：受得委屈，才能保全自己；經得冤枉，事理才能得到伸直、糾正。被人誤解而不爭辯，讓清者自清，劉寬的容人器度之大讓人感嘆。進入社會，慢慢地發現自己每天會見很多人，會遇到很多事。寬容，往往能夠為事情的解決帶來最佳結果。

器量就是談吐大方得體，處世自然和諧，生活態度平和，不急躁，不懈怠。器量是種境界。海到天邊天做岸，山登絕頂我為峰。站得高，看得遠，器量是能站在智者的角度去看待問題，讓人感覺厚重，像一本好書，內容讓人盪氣迴腸，不輕不浮，無論從何種角度去看，都不會感覺索然無味。一旦讀起來只能讓人愛不釋手，從中受益匪淺。

世界是人和人組成的，成功的關鍵也要看你能否處理好人際關係，一個人能和另一個人相處是一件非常不容易的事，若是雙方沒有足夠的因緣、深厚的緣分，即使是相處一天也是非常困難的。因為每個人都有不同的環境，不一樣的個性，難免會有衝突發生。想大家彼此愉快相處就要培養海納百川的大氣，看對方的優點，記在心裡，懂得珍愛；不看對方的缺點，不生煩惱，是真正地容納，透著深愛和厚德。不要在意那些繁雜的糾葛、苦痛、傷害、低迷等，一切的一切僅僅是生活中小小的注腳而已，有容乃大的氣場就是這樣一個深刻道理：只要心中裝有仁、義、禮、智、信，則無所不包，無所不容。

你的器量大小決定著氣場的強弱。器量大的人，氣場更強，

更能贏得周圍人的好感，因此，也會得到更多的助力，更容易成功。

六、用遠大的目標激發氣場

我們說了很多遍，氣場如何如何的神奇，如何有用。但是，很多人依然會有這樣的疑問？為什麼我覺得自己沒有氣場呢？或者說，既然氣場那麼神奇，怎麼能讓自己的氣場更加的強大，讓氣場給自己帶來更多的成功呢？

激發氣場，有一個很重要的前提，那就是，你要有明確的人生目標。很多人迷迷糊糊的過日子，不知道為什麼而活，盲目的追求自己一時之間感興趣的新奇事物，到最後才發現自己一事無成！他們總是聽天由命，過一天是一天，從沒想過自己的未來會是什麼樣子，我這輩子該去做些什麼，該取得哪些成就，如何計畫自己的人生等等⋯⋯他們是些沒有人生目標的人，渾渾噩噩，不思進取，最後也終將被生活淘汰。有遠大目標的人，生活永遠是積極的，你的目標會讓你有動力，而這個堅定的目標會激發你的氣場。

每個人都應該有自己的目標，一個人的人生目標，就是你終生所追求的美好願景，你生活中其他的一切事情都圍繞著它而存在。大部分人都是只要求工作，並獲得報酬就足夠了。他們因為外在環境的影響以及內在的徬徨迷茫，三心二意，在人生的競技場上不斷轉換跑道，到最後才發現自己浪費了不少時間！所以

說，目標很重要，有了目標你才不會低著頭跑，而是望著你的終點，在自己跑道上跑！目標越高，跑的路就會越直、越快，也就越能發掘自己潛在的氣場。

一個人的目標若能實現，這個人一定是個能夠吃苦、勤奮的人。而這樣的人，氣場自然會很強大。這個世上沒有懶惰的人，只有缺乏目標的人，因為缺乏目標所以才會懶惰。一個人無論有多大的年齡，他真正的人生是從設定目標開始的，以前只不過是在繞圈子而已。上天對每個人都是公平的，每個人每一天都是二十四個小時，每個人的所有時間都是一生；同時上天對每個人又是不公平的，給每一個人的時間不都是二十四個小時，給每一個人的所有時間不都是一生。這之間的區別就在於有無遠大目標。

一個人應該樹立自己遠大的目標，同樣一個企業也應該樹立企業的遠大目標，如果一個企業沒有遠大的目標，那麼它終將被社會所淘汰。

波音公司的七八七夢想客機首飛成功，象徵著波音公司又一次走在了航空製造的最前線。該飛機為流線型設計，使用了大量的複合材料，降低油耗約20％。 縱觀波音公司的發展歷史，它的成功歸結於它的一種使命感，樹立了遠大的目標，即「成為世界民航的先驅、造出最先進的飛機」。

波音公司是一個以軍用飛機起家的飛機製造公司。二十世紀五○年代末，它研發了一架型號為七○七的噴氣式飛機，當時沒有人認為噴氣式飛機會主宰

未來的民用航空市場。波音的高階主管們卻大膽地選擇了把噴氣式客機作為發展民用航空業的突破口。七○七計畫一經推出，即獲得成功。從此，世界民航走向噴氣式時代！到1965年，波音公司計畫製造當時世界上最大的飛機——七四七，這是一項充滿風險和挑戰性的計畫。

波音公司因為樹立了遠大的目標，並且沿著這個目標努力前進，在實現目標過程中激發了企業的氣場，因此才造就了今天著名的波音公司。至1969年，七四七首飛上天的那一刻，無論是麥克唐納還是道格拉斯，抑或是後來合併的麥克唐納‧道格拉斯公司，都未能趕上波音公司誓做航空先驅的步伐，波音公司奠定了其二十世紀航空業最偉大公司的地位。

正是波音人樹立了的遠大的目標，才使他們成為航空業的領先者，在目標的驅使下，人們能不斷地激勵自己，獲得精神上的力量，喚發出超強的鬥志。執著於自己目標的人是不可打敗的。無論是資金短缺還是技術障礙，不論是困難有多少、風險有多大，都不能阻止他們前進的腳步，他們追求的目標就是造出最好的飛機！他們堅定信念、不斷進步，使自身的成就和價值在社會歷史長河中留下了輝煌的一筆！

遠大目標是照亮人生航程的燈塔。一個人有什麼樣的追求，就會成就什麼樣的事業，創造什麼樣的價值。心中有個大目標，泰山壓頂不動搖；心中沒有大目標，一根稻草壓彎腰。空洞的大

道理講得再多也沒有用，理想、目標、信念必須同自己的現實生活緊密聯繫起來。有了遠大的目標，明確的目標，也就會樹立堅定的信念。只有樹立了遠大的目標，激發出自己的氣場，才能獲得成功。

雄鷹和蝸牛是大家熟知的兩種動物，一個翱翔於藍天，一個爬行於陸地，若能說出兩種動物的共同點，恐怕能說出者寥寥無幾。但是，我想和大家說，這兩種動物都是登上金字塔頂端的勝利者。雄鷹，靠自己的天賦和翅膀飛了上去。蝸牛必定只能是爬上去。從底下爬到上面可能要一個月、兩個月，甚至一年、兩年。在金字塔頂端，人們確實找到了蝸牛的痕跡。蝸牛爬到金字塔頂端，牠眼中所看到的世界，牠收穫的成就，跟雄鷹是一模一樣的。

人生中也是如此，成功者所選擇的路徑各不相同，但都有著自己遠大的目標，並將其作為自己的使命而不懈地追求。只有敢於制訂遠大目標並為之不懈努力的人，才能在工作和生活中贏得更大的發展空間、取得更大的進步。遠大的目標可以激發一個人的氣場，使之具有向前的衝力，最終會取得成功。

高爾基曾經講過：「一個人追求的目標越高，他的才力就發展得越快，對社會就越有益」。人生終極目標是什麼？有人說，目標是對未來事物的想像或希望；也有人說，目標是對美好未來的設想。我們心中的目標，是形成自己氣場的動力。

但是，即使這樣，仍然有人不知道為什麼活著？怎樣活著才有意義？那些迷茫的人在找到自己的終極目標之前往往需要在不同的場合對自己重複上面的這些或類似的問題。其實，人生確立

一個什麼樣的生涯目標，要根據主客觀條件來加以設計。每個人的條件不同，目標也不可能相同，但確定目標的方法是相同的。

有了遠大的目標，能產生激勵作用。但目標過高，脫離了實際，會因好高騖遠而招致失敗。目標太低，不用努力就能實現，目標也就失去意義。那麼如何確立自己的人生目標才是正確的呢？目標需要建立在你的優勢上、最大興趣上、最佳特長上。這樣你成功的機率會變高，追逐目標過程中才能體會到其中的樂趣。在實現遠大目標的路上困難在所難免，讓人灰心的事也時常發生，有一顆恆心才有追逐的勇氣。有位名人說：確定目標，即意味著為了達到目標必然要把自己逼進艱難困苦的境地中去；不能確定目標，則意味著他是沒有這種勇氣的人。

一個人在他追求既定的目標，追求朝思暮想的、能夠帶來幸福的時候，會覺得生活中沒有克服不了的障礙。目標是與一個人的願望相聯繫的，是對未來的一種設想，是形成成功氣場的泉源。

一個人沒有遠大的理想是無法成就明天的輝煌的。每個人在內心深處都有自己的理想：有的人想當名救死扶傷的醫生，有的人想當偉大的科學家。理想是什麼呢？理想是追求、激勵我們不懈進取、鬥志昂揚、奮發向上的目標。

遠大的美好目標能吸引人努力為實現理想而奮鬥不止，同時遠大的目標也能激發一個人的氣場。可以說遠大的目標是一個人氣場的動力泉源。遠大的目標寄託著人們對未來的憧憬與希望，猶如黑夜裡透過晨曦的曙光，為前進、奮鬥增添無盡的力量。

每當你懈怠、懶惰的時候，目標會猶如清晨的鬧鐘，將你從

睡夢中叫醒；每當你感到疲憊、步履沉重的時候，目標就似沙漠之中的生命綠洲，讓你看到希望。

有了目標，我們才知道要往哪裡去，去追求些什麼。沒有目標，生活就會失去方向，而人也成了行屍走肉。目標可以讓我們把心思緊繫在追求的歡愉上，而缺乏目標則會讓我們專注於避免痛苦。每當你遇到挫折、心情沮喪的時候，目標又猶如破曉的朝日，驅散滿天的陰霾。因此，要樹立遠大的目標，激發出我們的氣場，去實現自己的宏偉藍圖。

七、用準確的人生定位把脈氣場

賽涅卡說過：「如果一個人不知道他要駛向哪個碼頭，那麼任何風都不會是順風。」一個人想要發揮自己最大的潛能，首先要重新給自己的人生定位。我們生活在一個充滿挑戰而價值多元的社會，最需要一種清醒的判斷能力。否則，你會很容易迷失自己，到死也沒弄明白自己最需要什麼的人有很多。給自己定位後，就要弄清楚自己要做什麼？所以，作為個體的人來說，準確人生的定位會給我們的氣場指明方向。

定位人生之前，每個人都應該對自己有個清醒的認識，規避缺點，確立正確人生的定位，時刻不要忘記我是誰？我的追求是什麼？是為了自己的生活過得好一點，還是要為社會做點事，人生在世幾十年，活到上百歲的人不多，如果年輕時候不做點事，到老了的時候，想做什麼也不行了。

先要認清楚自己，將自己擺在整個社會的宏觀世界之中，了解自己所處的位置，而進一步則是要以你現在所處位置為基礎，為自己設立一個更高層面的定位。別讓自己後悔，弄清我是誰，我要做什麼，弄清楚這些後，就開始吧！

當然，弄清楚我是誰，我要做什麼之後，不代表目標就能夠實現，還要給自己一個準確的人生定位。定位自己適合做什麼，有什麼優勢所在。所謂「定位」，其實是指透過對自己準確的評價，找到適合自己的位置與出路。定位是人生出路的導盲犬，是人生的方向盤、指示燈。人生的意義在於找到了適合自己的位置，發出自己的光熱，發揮自己的價值。「不積跬步，無以至千里，不積小流，無以成江海」，準確的定位自己的人生，將有助於我們闖出一條真正屬於自己的人生之路。定位能決定人生，定位能改變人生，用準確的人生定位為我們的氣場把脈。

美國前副總統莫爾就是從書中找到了自己的目標，準確的定位了自己的人生。1888年，美國銀行家莫爾當選為副總統。在他執政期間，聲譽卓越。年輕時的莫爾曾是一個小布匹商人。從一個小布匹商到副總統，莫爾有著非凡的成就。在一次採訪中，莫爾說：「我做布匹生意真的很成功。可是有一天，我讀了一本文學家愛默爾的書，書中的一段話打動了我。書中是這樣寫的：『一個人如果擁有一種人家需要的才能和特長，不管他處在什麼環境，有一天終會被人發現。』這段話讓我怦然心動，冥冥中我覺得自己應

該向更大的空間發展。這使我想到了當時最重要的金融業。於是，我不顧家人反對，放棄布匹生意，經營銀行，最終成為金融行業的領先者。」

莫爾為自己準確的定位了自己的人生，準確的人生定位為他的氣場提供明確的方向，最終使莫爾成為美國歷史上的副總統。可見正確地定位人生需要深切地認識自我，立足現實，揚長避短，從自身的條件，做到知己知彼。正是因為莫爾準確的定位了自己的人生，為自己的氣場把住了關，他才會成功。

人生如棋局，一生只能下一局，踏實選擇走好每一步，把握好每一個棋子，把每一個棋子，放在最佳的位置上。正確的人生定位，就是永遠只做自己力所能及的事。了解什麼是自己做不好的，可能比了解什麼是自己能做好的更難。大凡成功者，都是在青少年時期就對人生進行了規劃，確定了奮鬥目標，放棄了與目標不太相關的愛好，因為他們深知，一手難抓兩魚，放棄是為了把目標抓得更緊。

有了合理的人生定位只是邁向成功的第一步，接下來就要對自己的氣場按照這個方向來進行細化量化和現實化，努力增強自己的氣場，來實現要使自己立足於目前的現實條件，將短期目標和長期目標相結合，積極行動起來，為自己的人生目標不斷創造理想的條件。

正是有了這個定位，無論在哪種行業、哪個職位，它都會時刻鞭策自己，要勤奮學習，努力工作。

美國暢銷書作家史密斯，愛爾蘭人，在三十歲之前，他還只是一個生活在貧民區裡的臨時消防員。但是，他很清楚自己的人生定位，所以他的氣場，也很明確的在為他的成功提供助力。

　　有些時候，人生的航線不一定是一成不變的，偶然事情的發生，也會改變我們的人生，愛爾蘭人史密斯就是這樣的人。有一天，他在《紐約時報》讀到一篇中傷愛爾蘭偉大詩人葉慈的文章，出於憤慨，他利用火警間隙的休息時間寫了一封四小段長的信，寄給了《週日書評》的編輯。沒想到這封信不僅得到了發表，而且還引起了《真理》雜誌和《新紐約》的關注，出版社編輯也前來約稿。從此，史密斯走上了另一條與過去截然不同的道路，一條通往成功的人生道路。

　　僅僅半年後，他就出版了《來自82號大街的火警報告》一書，銷量高達200萬冊，還被翻譯成12種語言。

　　史密斯是一名優秀的消防員，但更是一名暢銷書作家。史密斯的經歷告訴我們世界在不停變動，隨著時間和相關條件的推移和變化，原先的定位會出現或多或少的不適應，必須隨時調整自己，力爭找到最佳的座標位置。而這個時候，氣場的調整，是最重要的。我們要把氣場調整到最符合的那個方向，只有這樣，才能最大限度地激發和挖掘自身的潛能，才能使自己的事業和生活

如日中天，這樣可以更加適合自己，適應環境，有利於發展。

喬治‧蕭伯納說：「征服世界的將是這樣一些人：開始的時候，他們試圖找到夢想中的樂園，最終，當他們無法找到時，就親自創造了它。」這是一個定位人生和不斷改變不斷進步，最後實現人生目標和人生價值的過程。今天，經濟發展迅速，科技日新月異，我們更需要不斷準確把握時代脈搏，認識自己長短，躬身踐履，砥礪人生。在這個世界上，之所以有許多人會碌碌無為，一事無成，很重要的一個原因便是他們沒有找對自己的人生定位。沒有準確的定位，他的氣場也就發揮不了作用，何談成功呢。

每個人在成名之前，都是一個沒沒無聞的小人物，他們能夠成功，也是靠給自己正確定位。人生就像一大鍋湯，我們手裡的鹽有限，怎麼樣讓自己的湯更有滋味，關鍵是看你能否選好適合你的碗。不管碗大碗小，碗多碗少，關鍵是要選準。定位不當，勢必牛頭馬面；選擇錯誤，肯定南轅北轍。準確的定位人生就是要把握好你的氣場，不怕出路不好，就怕定位出錯。

讓我們困惑的是，我們似乎也很努力，為什麼我們的生活還是不理想。其實做好人生定位真的很難，需要智慧和膽識，從紛繁複雜的世事中窺出真諦，充分認識和利用客觀規律。我們還需要把握機遇的膽識和「扼住命運的喉嚨」的勇氣與魄力。我想說的是，相信自己，你一定可以的。準確的定位，人生就定位了前進的方向，穩步前行，終將實現自己的人生價值。將自己的人生價值溶入到自己的人生定位中去，時時刻刻鞭策自己，不斷充實自己，不斷地自我肯定與進步。

人的一生，有風有雨有陽光，要活得充實，活得出色，活得瀟灑，活得精彩，唯有認定目標絕不回頭，義無反顧的去追求。確立人生定位是為了人生的幸福，也因為它，才使人生過得更加有意義。它是「人生指南針」的最高戰略，具體而言，改變自己的一生，賦予其更重要的夢想、目標，以及價值觀的，就是自己的人生定位，亦即人生的最高戰略。

　　每個人都有氣場，如何讓氣場有效地產生作用，為自己的成功護航？我們需要用定位，來讓氣場有準確的航向，用正確的人生定位為自己的氣場把脈，從而培養出更加強勢的氣場。

　　我們要透過對自己的定位，把自己的氣場集中在特定的目標上來，找出實現目標的方法，並將之付諸實際行動直到成功為止。也就是說，無論是在工作上、學習上以及個人生活上，人生幸福的意義，就是由準確定位人生開始的。擁有正確的定位，用準確的人生定位為我們把脈氣場，照亮人生的航程。

八、用試一試的勇氣激勵氣場

　　氣場是需要勇氣激勵的，如果我們身在逆境，不怕困難，勇於嘗試，那麼就會取得成功。胡適有一句名言：「自古成功在嘗試。」無論身處逆境順境，首先要敢於嘗試，且要明智地嘗試，才能讓不可能變為可能！你很優秀，也很努力，沒有成功，因為你沒有敢於嘗試的勇氣。

　　人類為什麼能主宰地球？他們的祖先有多聰明？事實上，他

們也許並不是最聰明的生物，而是他們敢於嘗試。嘗試各種生存下來的方式，嘗試各種與自然相處的方式。最終，他們被自然選中，做地球的主人。

有很多人為自己的氣場太弱而苦惱，因為氣場弱，很多事情都不敢去嘗試。其實，因為你不敢嘗試，氣場會越來越弱。如此惡性循環下去。你覺得自己的人生能有什麼收穫嗎？我們想想看，在人生的路途中，有多少事情我們都聞所未聞，見所未見。人生是很短暫的，時間就在你睜眼與閉眼之間度過。在這短暫的人生中，我們因為不敢嘗試，而白白失去了很多欣賞美景的機會，白白讓氣場流逝，讓光陰虛度，是不是有點遺憾呢？人的一生很像游泳，總有決定「游」或「不游」的時候，一個有勇氣的人，通常會把自己投向未知的世界，游向中央，去接受挑戰，用試一試的勇氣去擴大自己的氣場，才不會錯過人生美好風光。

古今中外，凡是成功的人，都是敢於嘗試的人。還有著名的數學家陳景潤，為了研究「哥德巴哈猜想」，摘取數學王冠上的明珠，把自己關在一間小屋裡，數年如一日算來算去。他嘗試運用各種演算方法，光稿紙就用了兩麻袋。最後，他終於獲得了成功。

很多為人所熟悉的事例，都可以說明勇於嘗試對於氣場的作用。只要你敢想，敢做，敢於嘗試，你的氣場就會得到激勵，就會不斷地強大起來，你就會贏得更多成功的機會！古今中外成大事者，沒有幾個是一帆風順的，關鍵是成功者那不屈的奮鬥精神和鍥而不舍的嘗試精神，正是這種精神，激發了他們的勇敢的氣場，有了這樣的氣場，成就了他們的成功。

相反地，如果沒有信心，又不敢嘗試，你的氣場必然會弱下來，氣場太弱了，必定會一事無成。有些人一開始很有信心的，到後來遇到困難就失去信心，本來可以更加強勢的氣場也因此失去了動力。

　　李嘉誠說：「當一個新生事物出現，只有5％的人知道時就趕快做，這就是機會，做早就是先機，別管是什麼行業，當有50％的人知道時，你做個消費者就行了，當超過50％時，你看都不用去看了。」也就是說敢於嘗試就有新的希望，機會就大大增加，從而激勵我們的氣場，挑戰未知人生。

　　對於一個敢於嘗試的人來說，那他的人生一定多姿多彩，而他的氣場也會因此更容易得到人們的關注。現在天天都有新鮮的事情發生，有很多事情甚至是你意料之外的。成功不是等待，而是敢於去不斷的嘗試。其實，萬事開頭難，只要能邁出第一步，敢於嘗試，這就已經在成功的道路上邁出了堅實的一步。

　　有一句話說得對：「年輕就是資本。」打造氣場，需要在年輕的時候就努力，沒有人一工作就知道自己適合做什麼，也沒有人一工作就永遠的做那一行，只有不斷嘗試，不斷摸索，才能真正了解自己適合做哪項工作，這樣才有動力，才能為自己的事業去奮鬥。現在的很多年輕人不願意自己創業，就是怕冒險，不敢嘗試。

　　邱吉爾說：「每個人一生中都會有一次或多次他夢寐以求的機遇來臨，但可悲的是，這一機會來臨的時候，你發現自己沒有能力抓住它。」敢於嘗試是開啟成功大門的鑰匙。在我們身邊，有人總是抱怨上級沒有給他機會，感慨命運捉弄人。其實，機會

往往隱藏在每個平凡的職位中，只是有的人不敢嘗試，沒有發現。成功者勇於嘗試，創造機遇；失敗者抱怨生不逢時，錯失機遇。兩種路徑，兩種選擇。與其站在原地苦苦等待，還不如拋開雜念，大膽嘗試。

「機會」與「猶豫」是一對好朋友，它們倆經常相見，當機會與猶豫相遇時，它們總是難捨難分，在機會面前總是猶豫，到最後，機會還是會在你猶豫中離開。成功者會告訴我們一個哲理：成功不是等待，而是敢於去嘗試。莎翁曾說過：「本來無望的事，大膽的嘗試，往往能成功。」許多人都想追求成功，雖然他們有能力成功，但是他們墨守成規，不敢嘗試，所以只能跟成功擦肩而過。

只要大膽嘗試，用試一試的勇氣激勵你的成功氣場，你就會離成功越來越近。當然，嘗試的過程中也可能會失敗，但如果你缺乏嘗試的勇氣，那就永遠沒有成功的機會。契科夫說：「路是人的腳步走成的，為了多闢幾條路，必須多向沒有人的地方走去。」人生之路遙遙而迷茫，前方是未知的，只有不斷的探索嘗試，踏出第一步，我們才有成功的機會；只有勇於嘗試，堅持不懈，用你的勇氣把氣場激勵起來，才能有成功的一天。

九、用冒險來催化成功的氣場

成功就是達成預期目標，形成自己的氣場。因此想要成功，首先就要樹立一個目標。可是許多人卻無法定出目標。不是目標

不存在，是許多人寧願沒有目標，仍然按照原有的方式去生活，因為這是最安全的。他們害怕陌生的環境，害怕冒險。

其實每個人都有自己習慣的生活方式、思維方式，按這種方式生活，他會感到舒適、安全，這就是他的安樂區。在安樂區裡，他只要按照以往的方式生活就可以了，不需要承擔風險，雖然這種生活不一定使他滿足，但至少使他感到安全。只是，這樣一來，他的氣場中，也就沒有了積極向上的因子。沒有氣場人，自然也就沒有成功的機會。

但是如果想成功，就要冒失敗的風險。因為所有這些風險和危險都是值得的，因為人生最大的風險，就是沒有任何冒險。沒有冒險，你的氣場會變得散漫，沒有動力，沒有激情。成功的氣場，需要冒險來做催化劑。有些人一生碌碌無為，就是因為他們沒有勇氣接受人生的挑戰。他們畏懼困難和失敗。那些無法形成氣場的人正是沒有冒險精神的刺激，他們不懂人生中的冒險，始終是享受到成功滋味的最重要的動力。很多成功者為什麼能白手打天下，就是因為有敢於為天下先的超人膽識。他們的冒險精神，催化出來的氣場，讓他們獲得成功。

美洲發現新大陸，是哥倫布海上探險的結果；鐳的發現、原子彈爆炸成功，是科學家冒著生命危險無數次試驗所取得，而美國毒蛇專家海斯德為了發明一種抗體，在自己的身上注射了28種蛇毒，每注射一次，他都要忍受極大痛苦的折磨，經受一次生與死的考驗。正是他敢於冒險的勇氣和毅力，支持他攻克了科學的堡壘。

生命運動從本質上說就是一次探險，如果不是主動地迎接風

險的挑戰，便是被動地等待風險的降臨。要有敢於冒險的進取精神，要勇於向常規發出挑戰，才能在生活中把握好勝機。只要你樂於冒險，你就會發現有許許多多值得去追求的目標，而不再是像以前那樣，找不到目標。當你想要冒險的時候，你的氣場就會不斷的受到刺激，會不斷的強大。這個世上沒有萬無一失的事情，要想在成功中獲得最大化的勝算率，就必須敢於冒風險。沒有一條通向成功的道路是鋪滿鮮花的。

世界的改變，事業上的成功，常常屬於那些敢於抓住時機，敢於冒風險的人。實際上，如果能從風險的轉化和準備上進行謀劃，風險並不可怕。

當我們把同一問題從另一角度來考慮，就會發現很多新的機會，新的成功。很多時候，成功就在於你是否敢冒一次風險。

你可以選擇平平淡淡，也可選擇實現夢想。然而，要實現自己的夢想，就要做一個敢於冒險的人，只要你勇敢的跨出第一步，總會有收穫，無論失敗，還是成功，失敗有失敗的經驗，你的膽子會變得更大，成功了，那你也就擁有了成功的氣場。

風險與成就共存，面對一無所知的新事物，接受它有時要有巨大的勇氣，有時要付出巨大的代價，甚至是寶貴的生命。海爾總裁張瑞敏曾經說過：「如果有50％的把握就行動，有暴利可圖；如果有80％的把握才行動，最多只有平均利潤，如果有100％的把握才行動，一行動就虧損。」工作中沒有萬無一失的成功之路，在追求的道路上，總會有那些不可預料的險灘沼澤，無處不在的風險，隨時都會出現在每個人的面前。但是，如果你有冒險的精神，勇於冒險的膽識，你的氣場就會散發出誘人的氣息，讓

你更容易得到成功的青睞。

　　有一天，龍蝦和寄居蟹在深海中相遇了。寄居蟹看見龍蝦正在把自己的硬殼脫掉，露出嬌嫩的身軀。寄居蟹非常緊張地說：「龍蝦，你怎麼可以把唯一保護自己的硬殼也放棄呢？難道你不怕有大魚一口把你吃掉嗎？以你現在的情況看，連急流也會把你沖到岩石上去，到時你不死才怪呢？」龍蝦氣定神閒地回答：「謝謝你的好心，但是你不了解我，我們龍蝦每次成長，都必須先脫掉舊殼，才能生長出更堅固的外殼，現在面對的危險，只是為了將來發展得更好而做準備。」

　　寄居蟹和龍蝦，在人們心中，有著不同地位。就像每個人，給別人留下的印象不一樣。這是因為，氣場。你的氣場中，冒險的因子讓你看起來更有魅力，更容易得到別人的尊敬和認同。有些人一生碌碌無為，就是因為他們的氣場太弱了，氣場弱的原因，是他們沒有勇氣接受人生的挑戰，不能讓氣場得到更好的增強和擴大。

　　要知道，收益總是與風險並存。如果你連嘗試的機會都不給自己，成功的機會當然更不會屬於你。一個人的一生不可能是一帆風順的，敢於冒險是一種成功的氣場中必須具備的素質。前怕狼後怕虎，只能讓你躊躇不前，左右徘徊，什麼時候都不能到達成功的彼岸。一味地追求穩穩當當，四平八穩，事業就會止步不

前，反而會縮手縮腳，畏首畏尾，舉步艱難。有「識」有「膽」，才能達到事業的頂峰。無數激情滿懷的人在經歷了無數的磨難和挫折後遍體鱗傷，儘管這樣，依然選擇甘冒風險，挺立潮頭，氣場盡顯，演奏著一曲曲盪氣迴腸的人生之歌。

福特汽車總裁菲利浦說：「假若缺乏冒險精神，今天就沒有了電源、鐳射光束、飛機、人造衛星，也沒有盤尼西林和汽車。成千上萬的成果將不可能存在。如果生活在一個沒有冒險的世界裡，我們必將面臨重重危機。」

一個人要想在事業上做出一番成就，就必須從平時的思想和膽怯中解救出來，要勇於向常規挑戰，不滿足於已有的現狀，勇於做命運的主人。很多人怕這怕那，猶豫不決，於是，機會就在等待中流逝，久而久之，你的膽子不僅不會變大，還會變得越來越小，從此，機遇與你無緣。對那些弱氣場的人來說，想改變氣場，只需要有一點冒險精神，用它來做催化劑，氣場自然就出現質的變化。

十、打破自我設限，打造開放的氣場

我們知道，一個人的經驗非常重要，別人忠告也很重要，但我們也必須清楚，每個人的經驗都是有限的，思考的角度也是有限的，看問題的眼光也是有限的，如果讓所謂的經驗制約了你的思維，你就會自我設限，限制了自己的發展。這樣你的氣場會非常狹隘，不足以助你成功。

由於自己心態的開放程度不夠，再加上遭受批評、打擊和挫折，於是奮發向上的熱情被「自我設限」，人們的思維常常會受到自我心理因素的阻礙。因此，要想鍛鍊自己的創新思維，就必須進行自我突破，衝破長期以來形成的根深柢固的舊觀念。要想突破自我，首先要認識自我，認識阻礙創造力發展的心理因素，開放自己的氣場。

　　大學的時候，我的教授做過這樣一個實驗：在桌子上放置了滿滿的一杯水，滿到什麼程度？水面已高出杯面，呈現出一個優美的弧形，幾乎就要溢出杯外。

　　這時教授請同學們上台做試驗，往杯子裡投迴紋針，同學們剛開始小心地投一兩顆，水沒有變化，三顆，四顆，水依然沒有變化，同學們不敢往裡加了，生怕水溢出來。在教授的鼓勵下，五顆，六顆……直到投完了整整一盒迴紋針，水依然沒有溢出，只是杯面上水的弧形稍稍大了一些，引來了同學們的一陣歡歙聲。

這說明什麼道理呢？大多數人的思維方式總愛「自我設限」，在他們的腦子習慣裡有太多的「不可能」，許多事情還沒有去做，自己就先有了設想，當然地否決了，不戰自敗，這也就是許多人不能成功的原因所在。

其實人與人之間，最原始的氣場沒有太大的差別，只是每個

人的習慣和思維方式有所不同。開放的氣場和狹隘的氣場根本原因來自於人們的思維方式。也就是我們的大腦思考的方式不同，自然就會造成做事方法的不同。擁有開放氣場的人會成功，是因為他們的思維很活躍，他們敢想敢做。這並不是說他們的成功中沒有失敗，重要的是不論遇見什麼困難都不能禁錮他們的思維，他們的氣場是開放的、多遠的、變化的。失敗的人之所以失敗，不是他們不具備成功的潛力，而是他們對自己的思維進行了自我設限。他們不敢想或不願想，所以，就很難想出很多方法來幫助他們走向成功，他們的氣場也被封閉了。

　　一個人捉到一隻幼鷹。他把幼鷹帶回家，養在雞籠裡。這隻幼鷹和雞一起啄食、散步、嬉鬧和休息，牠以為自己是一隻雞。這隻鷹漸漸長大，羽翼豐滿了，主人想把牠變成獵鷹，但是由於終日和雞混在一起，牠已經變得和雞完全一樣，根本沒有飛的欲望了。主人試了各種辦法，都毫無效果，最後把牠帶到山崖上。這隻鷹像塊石頭似的，直接掉了下去，慌亂之中，因為險境使牠拚命地撲打翅膀，就這樣牠居然飛了起來！這時，牠終於認識到潛在的力量，成為一隻真正的鷹。

長期與雞共處的鷹並非喪失了飛的能力，而是由於長期的外在環境使牠習慣了這種「雞」的生活方式，導致牠不能飛的最重要的原因是「雞」這個標籤已經貼在了潛意識裡，飛的欲望和潛

能被自己禁錮了。也就是鷹「自我設限」，即自我扼制，自我否定。原本，應該是翱翔天際的氣場，因為自我設限，變成了家禽的氣場。

事實上，這種「自我設限」可以用心理學當中的「標籤效應」解釋比較好理解。「標籤效應」是美國心理學家貝科爾的理論，他認為：「人們一旦被貼上某種標籤，就會成為標籤所標定的人。」當一個人被一種辭彙名稱貼上標籤時，他就會做出自我心理暗示，使自己的行為與所貼的標籤內容相一致。這種現象是由於貼上標籤後面引起的，所以稱為「標籤效應」。

我們看成功者的人生經歷，會很容易發現他們的氣場中，有一個共同點，那就是一般都不會墨守成規，故步自封。換句話說，因為他們經常不按常理出牌，才抓到了平常人沒有看到的機遇，取得了成功。所以，在我們強調用各種方式來提升氣場的時候，一定不要忘記這個非常重要的環節——開放。只有你展示出來的氣場是開放的，你才能獲得更多的助力，更容易達到成功。

十一、用強烈企圖心聚集氣場

我們生活中遇見的絕大多數人的一生都在平庸中度過，儘管他們並非想像中那樣懶惰閒散、好逸惡勞，愚鈍不開，他們之中的很多人甚至是兢兢業業的，但是他們只能扮演無足輕重的次要角色，其根本原因在於他們的氣場缺乏真正的內在動力。這個內在動力就是對成功的渴望，也就是企圖心。只有擁有強烈企圖心

的人，才能聚集起氣場的霸氣，才能征服各種困難，取得成功。

　　企圖心，有人說就是野心。但在許多人眼中這些名詞往往被貶為庸俗甚至是心懷鬼胎的意思。「企圖心」也經常被人暗指含有「狼子野心」、「圖謀不軌」、「居心叵測」等惡意。那是因為人們只看到了企圖心所做出的壞事，而忽視了企圖心所帶來的追求成功的支持力。具有強烈成功的企圖心，能夠聚集個人氣場，從而最終達到成功。

　　企圖心本身並沒有錯或對，錯或對的標準只在於你所追求的是什麼，只要你所追求的東西是積極向上的，那麼擁有一份強烈的企圖心就可以凝聚自己的氣場。人活著就得要有目標和企圖，否則，他就像一艘沒有舵的船，永遠漂流不定，最後只會到達失望、失敗與喪氣的海灘。

　　　　曾經有個雇主要招聘一個孩子，他對應聘的三十個小孩說：「這裡有一個標記，那裡有一顆球，你們要用球來擊中這個標記，每個人有七次機會，誰擊中的次數最多，我就僱用誰。」結果這些孩子都沒能擊中目標。

　　　　雇主說：「你們明天再來，看看你們誰做得更好。」第二天，只來了一個小傢伙，並且他每次都能夠擊中目標。「你怎麼做到的呢？」雇主驚訝地問。

　　　　「我非常渴望得到這份工作來為母親減輕壓力，所以，我昨天在家裡練習了一個晚上，我告訴自己，無論如何，我一定要成功，結果我做到了。」

可見「企圖心」是一個人充分施展自我才能、發揮自我的強烈驅動力和追求成功的最大動力。人們只有充分認識到這一點，並將之融入工作、事業、生活當中，才能達到成功，享受美好生活。一個人的氣場能否被凝聚和激發，能否取得成功，只要具有成功的企圖心，我們就有了前進的推動力，就會取得成功。

　　美國第一位億萬富翁洛克菲勒也說過：做最富有的人，是我努力的依據和鞭策自己的力量。在過去的幾十年中，我一直是追求卓越的信徒，我最常激勵自己的一句話就是：對我來說，第二名和最後一名沒有什麼兩樣。如果你理解了它，你就會認為，我以無可爭辯的王者身分統治了石油工業不足為奇。所以要成功，首先就要拿出企圖心來，你可以不想成功，但你的生活並不會因此而輕鬆。如果你對成功有企圖，你的氣場會更強，會因此而生活得更好。

　　　　有位統計學方面的權威教授，在一次演講時說道：「大多數人在20歲的時候就已經死了。」這時台下的聽眾都覺得一頭霧水，不知是教授口誤講錯了呢？還是在發表某地區的最新統計數字，眾人紛紛交頭接耳，想猜出教授是什麼意思。這時教授接著說：「各位請稍安毋躁，我的話還沒說完，我的意思是雖然他們在20歲的時候就已經死亡，但是直到70歲的時候才下葬。」原來他是指那些活死人，一種只有軀殼存在，而精神、心靈和思想都已經死亡的人。這些人沒有了追求的欲望，沒有了成功的企圖，所以也就沒

有了自己的氣場。因為他們找不到人生的核心，其實人生最核心最重要的成功因素只有一個，那就是企圖心！

如果我們回溯歷史，就會更加明顯地感受到這個道理。成功，永遠是由那些擁有崇高志向的人創造的，只有這樣人，才能擁有成功的氣場，氣場就會變得更強，就會取得成功。像萊特兄弟一樣偉大的發明家，或者像曼德拉這樣的社會改革家，他們都以強烈的企圖心來實現自己的終身目標。

擁有成功的企圖心，能夠凝聚你的氣場；擁有成功的企圖心，你才可能成功。時刻讓你與別人不同，讓你能夠激情地工作和生活；時刻給你憧憬和力量，讓你備感使命的召喚；時刻為你點燃希望的燭火，讓你在黑夜中不會迷失方向。如果你只想得過且過，那你就只能當個普通人了。

有一個年輕人前來向著名哲學家蘇格拉底求教說：我希望跟你學習，成為你的學生。蘇格拉底說，陪我到河邊去，我就知道你是不是真心想學習。這個年輕人有點困惑，不能理解老師的意圖，但還是跟著蘇格拉底到河邊去了，他不敢問為什麼。

當他們到了河邊，蘇格拉底把年輕人的頭按到河裡，並用力地壓住，這個年輕人開始嗆水。蘇格拉底仍然把他的頭壓在水裡，這個年輕人喝了許多的水，他開始掙扎，最後，他拚命一掙，終於把頭露出了水

面。在他稍微甦醒以後，他問道：「你究竟想做什麼，你想把我淹死嗎？」蘇格拉底說：「想要學習的人必須有強烈的求知欲望，這個欲望要和你在水裡求生的願望一樣強烈。對成功的欲望也是如此，沒有對目標的欲望，就沒什麼企圖心，那麼你的氣場就凝聚不起來，從而減少了成功的機率。」

企圖心越強的人，目標才會越高，要求才會越嚴；只有在高目標、高要求的氣氛中，才會有很高的氣場凝聚力，能力提高得更快。

生活或工作中，我們發現非常多的人，的確很有能力，他們有高學歷、良好的口才，有一個或多個特長，然而他們的氣場不是強大的。因為沒有理想、沒有目標、沒有願望的人，同時也是那種生活沒有激情、對成功沒有企圖心的人。

還有一些人，看起來非常不起眼，但他們的能力非常強，他們表現出很強的耐力，贏得大家的信任。這些人他們經歷過一次次的失敗，但是因為有夢想，從不放棄努力。企圖心造就了他們強烈的內動力，凝聚了他們強烈的成功的氣場，也造就了他們成功的人生。

我們說，有志者事竟成。因此，我們做任何事，要成功就要有強烈的企圖心。沒有人相信造物主要我們終生做一個庸庸碌碌的人。我們知道，在這個世界上有許多美好的東西正等待我們去享受。要擁有這一切，你需要對成功充滿強烈的企圖心。成功的欲望有多強烈、有多高，決定了你自己在通向成功的路上能走多

遠。擁有一顆奔騰不息的企圖心，會為你的生活創造一個孕育動力的落差，時刻提醒你去奮鬥，激勵你去奮鬥，去打造凝聚你的氣場。

　　我們說，氣場可以讓我們成功，但是，氣場其實是無形的，有的時候，也許氣場只是若有若無的展現在你的生活中。如何能讓氣場聚集到更強大的能量呢？如何讓氣場發揮更大的作用呢？其實很簡單，我們可以把身上的氣場都聚集起來，形成一個強大的氣場。能夠聚集氣場的因素有很多，其中最有效的一個，就是企圖心。

附錄

史蒂芬・賈伯斯對史丹福畢業生演講全文
- Stay Hungry, Stay Foolish

求知若渴，虛心若愚
（Stay Hungry , Stay Foolish）

今天，很榮幸來到各位從世界上最好的學校之一畢業的畢業典禮上。我從來沒從大學畢業過，說實話，這是我離大學畢業最近的一刻。

今天，我只說三個故事，不談大道理，只講三個小故事就好：第一個故事，是關於人生中的點點滴滴如何串連在一起。

我在里德學院（Reed College）待了六個月就辦休學了。到我退學前，一共休學了十八個月。那麼，我為什麼休學？（聽眾笑）

這得從我出生前講起。

我的親生母親當時是個研究生，年輕未婚媽媽，她決定讓別人收養我。她強烈地覺得應該讓有大學文憑的人收養我，所以我出生時，她就準備讓我被一對律師夫婦收養，但是這對夫妻到了最後一刻反悔了，他們想收養女孩。所以在等待收養名單上的另一對

夫妻，我的養父母，在一天半夜裡接到一通電話，問他們：「有一名意外出生的男孩，你們要認養他嗎？」而他們的回答是「當然要」。後來，我的生母發現，我的養母並沒有大學文憑，我的養父則連高中也沒有畢業。她因此拒絕在認養文件上做最後簽字。直到幾個月後，我的養父母保證將來一定會讓我上大學，她的態度才軟化。

十七年後，我上大學了。當時的我無知地選了一所學費幾乎跟史丹福一樣貴的大學（聽眾笑），我那工人階級的父母將所有的積蓄都花在我的學費上。六個月後，我看不出唸這個書的價值何在。那時候，我不知道這輩子要幹什麼，也不知道唸大學能對我有什麼幫助，只知道我為了唸大學，花光了我父母這輩子的所有積蓄，所以我決定休學，相信船到橋頭自然直。

當時這個決定看來相當可怕，可是現在看來，那是我這輩子做過最好的決定之一。（聽眾笑）

當我休學之後，我再也不用上我沒興趣的必修課，而能把時間拿去聽那些我有興趣的課。

這一點也不浪漫。我沒有宿舍，所以我睡在朋友家裡的地板上，靠著一點點回收可樂空罐的酬勞買吃的，每個星期天晚上得走七哩的路繞過大半個鎮去印度教的Hare Krishna神廟吃頓好料，我喜歡Hare Krishna神廟的好料。

就這樣追隨我的好奇與直覺，大部分我所投入過的事務，後來似乎都成了無比珍貴的經歷（And much of what I stumbled into by following my curiosity and intuition turned out to be priceless later on）。

舉個例來說：

當時里德學院有著大概是全國最好的書寫教育。校園內的每一張海報上，每個抽屜的標籤上，都是美麗的手寫字。因為我休學了，可以不照正常選課程序來，所以我跑去上書寫課。我學了serif與sanserif字體，學到在不同字母組合間變更字間距，學到活字印刷偉大的地方。書寫的美好、歷史感與藝術感是科學所無法掌握的，我覺得這很迷人。

我沒預期過學這些東西能在我生活中產生任何實際作用，不過十年後，當我在設計第一台麥金塔時，我想起了當時所學的東西，所以把這些東西都設計進了麥金塔裡，這是第一台能印刷出漂亮事物的電腦。

如果我沒沉迷於那樣一門課裡，麥金塔可能就不會有多重字體跟等比例間距字體了。又因為Windows抄襲了麥金塔的使用方式（聽眾鼓掌大笑），因此，如果當年我沒有休學，沒有去上那門書寫課，大概所有的個人電腦都不會有這些東西，印不出現在我們看到的漂亮的字來了。當然，當我還在大學就讀時，不可能把這些點點滴滴預先串連在一起，但在十年後的今天去回顧，一切就顯得非常清楚。

我再說一次，你無法預先把人生中的點點滴滴串連起來；只有在未來回顧時，你才會明白那些點點滴滴是如何串聯在一起的（you can't connect the dots looking forward; you can only connect them looking backwards）。所以你得相信，眼前你經歷的種種，將來多少會連結在一起。你得信任某個東西，直覺也好，命運也好，生命

也好，或者業力。這種做法從來沒讓我失望，我的人生因此變得完全不同。（Jobs停下來喝水）

我的第二個故事，是有關愛與失去。

　　我很幸運！年輕時就發現自己愛做什麼事。我二十歲時，跟Steve Wozniak在我爸媽的車庫裡開始了蘋果電腦的事業。我們拼命工作，蘋果電腦在十年間從一間車庫裡的兩個小夥子擴展成了一家員工超過四千人、市價二十億美金的公司，在那事件之前一年，我們推出了最棒的作品——麥金塔電腦（Macintosh），那時我才剛邁入三十歲，然後我被解僱了。

　　我怎麼會被自己創辦的公司給解僱了？（聽眾笑）

　　嗯！當蘋果電腦成長後，我請了一個我以為在經營公司上很有才幹的傢伙來，他在頭幾年也確實做得不錯。可是我們對公司未來的願景不同，最後只好分道揚鑣，董事會站在他那邊，就這樣在我30歲的時候，我被公開地解僱了。我失去了整個生活的重心，我的人生就這樣被摧毀了。

　　有幾個月，我不知道自己要做些什麼。我覺得我令企業界的前輩們失望——我把他們交給我的接力棒弄丟了。我見了創辦HP的David Packard跟創辦Intel的Bob Noyce，跟他們說：「很抱歉！我把事情給搞砸了。」我成了公眾眼中的失敗範例，我甚至想要離開矽谷。

　　但是漸漸的，我發現，我還是熱愛那些我曾做過的事情，在蘋果電腦中經歷的那些事絲毫沒有改變我的喜好。雖然我被否定了，可是我還是熱愛那些事情，所以我決定從頭來過。

當時我沒發現，但現在看來，被蘋果電腦開除，是我所經歷過最好的事情。成功的沉重被從頭來過的輕鬆所取代，每件事情都不那麼確定，讓我自由進入這輩子最有創意的年代。

接下來五年，我開了一家叫做NeXT的公司，又開一家叫做Pixar的公司，也跟後來的老婆（Laurene）談起了戀愛。Pixar接著製作了世界上第一部全電腦動畫電影──玩具總動員（Toy Story），現在是世界上最成功的動畫製作公司（聽眾鼓掌大笑）。然後，蘋果電腦買下了NeXT，我回到了蘋果，我們在NeXT發展的技術成了蘋果電腦後來復興的核心部份。

我也有了一個美好幸福的家庭。

我很確定，如果當年蘋果電腦沒開除我，就不會發生這些事情。這帖藥很苦口，可是我想蘋果電腦這個病人需要這帖藥。有時候，人生會用磚頭打你的頭。不要喪失信心。我確信我愛著我所做的事情，這就是這些年來支持我繼續走下去的唯一理由（I'm convinced that the only thing that kept me going was that I loved what I did）。

你得找出你的最愛，工作上是如此，人生伴侶也是如此。

你的工作將佔據你人生的一大部分，唯一真正獲得滿足的方法就是做你相信是偉大的工作，而唯一從事偉大工作的方法是愛你所做的事（And the only way to do great work is to love what you do）。

如果你還沒找到這些事，繼續找，別停下來。盡你的全心全力去找，你知道你一定會找到。而且，如同任何偉大的事業，事情只會隨著時間愈來愈好。所以，在你找到之前，繼續找，別停下來。

（聽眾鼓掌，Jobs喝水）

我的第三個故事，是關於死亡。

當我十七歲時，我讀到一則格言，好像是「把每一天都當成生命中的最後一天，你就會輕鬆自在。（If you live each day as if it was your last, someday you'll most certainly be right）」（聽眾笑）

這對我影響深遠，在過去的33年裡，我每天早上都會照鏡子，自問：「如果今天是我此生的最後一日，我今天要做些什麼？」每當我連續好幾天都得到一個「沒事做」的答案時，我就知道我必須有所改變了。

提醒自己快死了，是我在人生中面臨重大決定時，所用過的最重要的方法。因為幾乎每件事——所有外界的期望、所有的名聲、所有對困窘或失敗的恐懼——在面對死亡時，都消失了，只有最真實、最重要的東西才會留下。（Remembering that I'll be dead soon is the most important tool I've ever encountered to help me make the big choices in life. Because almost everything - all external expectations, all pride, all fear of embarrassment or failure - these things just fall away in the face of death, leaving only what is truly important）

提醒自己快死了，是我所知道的避免掉入畏懼失去的陷阱裡最好的方法。人生不帶來、死不帶去，沒理由不能順心而為。

一年前，我被診斷出癌症。我在早上七點半做斷層掃描，在胰臟處清楚地出現一個腫瘤，我連胰臟是什麼都不知道。醫生告訴我，那幾乎可以確定是一種不治之症，預計我大概只能再活三到六個月了。醫生建議我回家，好好跟親人們聚一聚，這是醫生對臨終

病人的標準建議。那代表你得試著在幾個月內把你將來十年想跟小孩講的話講完。那代表你得把每件事情搞定，家人才能盡量輕鬆。那代表你得跟所有人說再見了。

　　我整天都在思索那個診斷結果，那天晚上做了一次切片，從喉嚨伸入一個內視鏡，穿過胃進到腸子，將探針伸進胰臟，取了一些腫瘤細胞出來。我打了鎮靜劑，不醒人事，但是我妻子在場。她後來跟我說，當醫生們用顯微鏡看過那些細胞後，他們都哭了，因為那是非常少見的一種胰臟癌，可以用手術治好。所以我接受了手術，康復了。（聽眾鼓掌）

　　這是我最接近死亡的時候，我希望那會繼續是未來幾十年內最接近的一次。經歷此事後，我可以比先前對死亡只是一種純粹的想像時，要能更肯定地告訴你們下面這些：

　　沒有人想死。即使那些想上天堂的人，也想活著上天堂。（聽眾笑）

　　但是死亡是我們共同的終點，沒有人逃得過。這是註定的，因為死亡很可能就是生命中最棒的發明，是生命交替的媒介，送走老人們，給新生代讓出道路。現在你們是新生代，但是不久的將來，你們也會逐漸變老，被送出人生的舞台。很抱歉講得這麼戲劇化，但是這是真的。

　　你們的時間有限，所以不要浪費時間活在別人的生活裡。不要被教條所侷限——盲從教條就是活在別人的思考結果裡。不要讓別人的意見淹沒了你內在的心聲。最重要的是，擁有追隨自己內心與直覺的勇氣，你的內心與直覺多少已經知道你真正想要成為

什麼樣的人（have the courage to follow your heart and intuition. They somehow already know what you truly want to become），任何其他事物都是次要的。（聽眾鼓掌）

在我年輕時，有本神奇的雜誌叫做《Whole Earth Catalog》，當年這可是我們的經典讀物。那是一位住在離這不遠的Menlo Park的Stewart Brand發行的，他把雜誌辦得很有詩意。那是1960年代末期，個人電腦跟排版軟體都還沒出現，所有內容都是打字機、剪刀跟拍立得相機做出來的。雜誌內容有點像印在紙上的平面Google，在Google出現之前35年就有了：這本雜誌很理想主義，充滿新奇工具與偉大的見解。

Stewart跟他的團隊出版了好幾期的《Whole Earth Catalog》，然後很自然的，最後出了停刊號。當時是1970年代中期，我正是你們現在這個年齡的時候。在停刊號的封底，有張清晨鄉間小路的照片，那種你四處搭便車冒險旅行時會經過的鄉間小路。

在照片下印了一行小字：**求知若飢，虛心若愚（Stay Hungry，Stay Foolish）**。

那是他們親筆寫下的告別訊息，我總是以此自許。當你們畢業，展開新生活，我也以此祝福你們。

求知若渴，虛心若愚（Stay Hungry, Stay Foolish）。

非常謝謝大家。（聽眾起立鼓掌二分鐘）

Legal Disclaimer: The information contained in this message may be privileged and confidential. It is intended to be read only by the individual or entity to whom it is addressed or by their designee. If the reader of this message is not the intended recipient, you are on notice that any distribution of this message, in any form, is strictly prohibited. If you have received this message in error, please immediately notify the sender and delete or destroy any copy of this message

氣場心理學：10天引爆人生命運的潛能/李上卿
作 -- 初版 .-- 新北市：華志文化，2014.02
　面；　公分 .--（心理勵志小百科；18）

　ISBN 978-986-5936-65-5（平裝）

　1.成功法

177.2　　　　　　　　　　　　　　　　102026967

系列／心理勵志小百科 ⓪①⑧

書名／氣場心理學：10天引爆人生命運的潛能

作　者　李上卿

執行編輯　林雅婷

美術編輯　簡郁庭

封面設計　葉若蒂

文字校對　陳麗鳳

企劃執行　康敏才

總　編　輯　黃志中

社　長　楊凱翔

印製排版　辰皓國際出版製作有限公司

電　話　02-22341779

地　址　116台北市文山區興隆路四段九十六巷三弄六號四樓

電子信箱　huachihbook@yahoo.com.tw

出　版　者　華志文化事業有限公司

總　經　銷　旭昇圖書有限公司

地　址　235新北市中和區中山路二段三五二號二樓

電　話　02-22451480

傳　真　02-22451479

郵政劃撥　戶名：旭昇圖書有限公司（帳號：12935041）

電子信箱　s1686688@ms31.hinet.net

出版日期　西元二〇一四年二月初版第一刷

售　價　二六〇元

版權所有　禁止翻印

Printed in Taiwan

華志文化事業有限公司

華志文化

華志文化